岩波現代文庫／社会 292

よみがえる昭和モダン時代の知恵

食べかた上手だった日本人

魚柄仁之助

JN165800

岩波書店

はじめに

けっこうウマイごはんなのです、昭和のごはん。戦前のごはんというと、現代人はスイトンに代表される戦時中の耐乏食を思いうかべがちですが、昭和10年前後の食事を調べてみると、実はずっとハイカラなモダンごはんだったんです。

食文化研究家という職業柄、昔の料理本を山のように集め、明治・大正・昭和の食を検証してきましたが、長いことやっているうちに、ある変化に気づいてしまった。明治から大正までの約60年間は日本人の食卓にあまり大きな変化が見られないのに、昭和に入ると大きく変わるんですねー。

大正5年に書かれた野菜料理の本を以前、現代文にして解説をつけ、出版しましたが(『大正時代の知恵に学ぶ野菜の食べ方178種類』飛鳥新社)、これは料理の本というよりは武道の本みたいな文章で、「大根を心のままに切り、湯煮したるものにくずあんをかけて供す」なんて書き方なんでした。何センチくらいに切るのか？　何分くらいゆでるのか？　そんなこたあ、わかっててあたりまえ！　みたいな記述ですな。

ところがその後20年ほど経った昭和10年頃の料理本になると、これから本書で紹介する資料のように、やわらかな文章で、分量も数値化され、イラストも多い。まさに今日の料理本スタイルの原点なんです。大正以前の料理本は読者対象が男中心だったけど、昭和になると女性が対象になっているんですね。この変化はなぜなんだろう？と考えはじめると、もうイケナイ。実験好きのおいさんは、昭和初期の料理本に出てくるレシピを、かたっぱしから作ってみたのでした。

今から70年以上も昔のレシピなんだが、実際にやってみると、この20年間、おいさんが食べてきた食事によく似ておる。戦争末期の「ひもじい」食と違って、けっこうモダンな和洋中なんですな。「松茸のフリッター」などという、現代人がよだれを流しそうなレシピもあるのです。

今日の日本食との大きな違いといえば、動物性タンパク質と油脂の摂取量がずっと少ないという点でしょう。でっかいタケノコ1本とひき肉を一緒に煮る料理でも、5人前で使うひき肉が約100グラムだから、1人あたり20グラムしかない。

卵味噌という料理も、卵1個と味噌2合(360cc)を、よく練り合わせて湯せんにかけ、ネットリしたところで完成ですが、こいつがごはんのおかずにもいいし、冷奴やゆでジャガにつけてもウマイのです。この料理も卵1個で5人前だから、当時食べていた動物性タンパク質がいかに少量だったか、うかがい知ることができるのです。

今日から見れば質素だろうが、けっしてビンボ臭くもないし、そこそこウマイし、低カロリーで体にもいい。昭和に入ってからの十数年で、どーしてこうも料理が変わってしまったのだろう？　これが本書にとりかかるきっかけでした。

これは、救世食になるかもしれない。

人口増加、環境破壊、バイオ燃料、原油高、食糧不足……そんなこんなで食品は値上げされ続けるであろう、これからの時代に対応できる食生活のモデルケースが、昭和10年頃にほぼ完成しておったのではないか、とおいさんは思っておるのです。

この時代の食べ方を現代にとりいれれば、家畜飼料も大幅に減らせるし、体重も減らせるかもしれん。食費はまちがいなく減らせる。当時とほぼ同じような食生活をしてきたこのおいさんの食費が、1カ月9000円以下であることが、その証《あかし》でしょう。すべてを七十数年前に戻そうなどとはぜんぜん思っちゃいませんが、こういう食べ方もあるんだという体験と知識は持っていたほうが、これからの時代を生きてゆくのに役立つはず。

昭和10年前後の食生活はかなり完成度が高いとは思いますが、かといってその時代を讃えておるのではないんです。二・二六事件だの日中戦争だの、やだ。さらに昭和15年から20年の間となると、見たくないような料理ばかりですぞ。「決戦!! 食生活」とか、「非常時国策料理」とかいわれてたものは、もうムチャクチャです。

醬油を2倍にする方法と書かれたものがあるのだが、何のことはない、醬油と同量の塩水を加えるとある。米を炊《た》くとき、2倍の量にする方法なんざ、水を定量の2〜3倍入れ、途中で火を止め、ドロリとしたところを食べるというシロモノ。水でふくれてるだけじゃないの。昭和10年代の後半になるにつれ、料理の本もまさに庶民だましになっていきまして、これぞ国策って感じなのでした。

本書をまとめるにあたり、主に昭和10年前後、いわゆる昭和モダンの時代の婦人雑誌や料理本を多数参考にいたしました。『主婦之友』『料理の友』『婦人倶楽部』……我ながらよく集めたもんです。一般の人にはなかなか見る機会のないものですが、ぜひご紹介したく思い、必要に応じ資料として載せました。どうぞ当時の「味」を感じてくださいまし。

凡例

本書に引用した資料については、次のような整理を加えました。

- 旧字旧かなづかいは新字新かなづかいに改め、くり返し符号(「ゝ」「〳〵」など)は、かなに置き換えた。ただし送りがなについては原文通りとした。
- 原文のふりがなは必要と思われるもののみ残し、ふりがながないものについても適宜、新たにふりがなを付した。
- 野菜、魚などの一般名詞の表記は出典により異なるが、料理名、引用箇所については、原則として原文通りとした。
- 尺貫法による数量の表記は、以下の基準で換算し、本文との関連から適宜、概数に改め( )内に示した。

一貫＝3・75kg	一斤＝600g	一匁＝3・75g
一升＝1・8ℓ	一合＝180cc	一勺＝18cc
一尺＝30・3cm	一寸＝3・03cm	一分＝3・03mm

目 次

写　真＝前林正人
編集協力＝寺本佳正（アトリエ花粉館）

1章　自給率が80％以上だった時代

国産中心の食料事情

これから見ていく昭和10年前後、いわゆる昭和モダンの時代は、それまでと比べて食生活が激変した時期です。とはいえ交通手段も冷凍冷蔵技術も今日と比べるとまことにおそまつで、当然輸入食品なんぞも微々たるもの。基本的には我が国の田畑で育てられた農産物と近海でとれた魚介類を食べてたようですね。

資料1は、昭和10年に日本放送協会が編んだ『放送料理一千集』というレシピ本の目次に登場する野菜(果実も)と肉類(魚介も)のリストです。この中で明らかに輸入と思われるのはバナナくらいのものですね。当時、日本が植民地化していた台湾のバナナでありましょう。また、大豆も満州国(現在の中国東北部)から大量に輸入していたよ

(野菜篇)

菠薐草《ほうれんそう》・三《み》つ葉《ば》・独活《うど》・白菜《はくさい》・キャベツ・サラド菜《な》・蕗《ふき》・わけぎ・あさつき・たんぽぽ・嫁菜《よめな》・蓬《よもぎ》・青紫蘇《あおじそ》・わらび・土筆《つくし》・茗荷《みょうが》・セロリー・唐《とう》もろこし・花野菜《はなやさい》・桃《もも》・苺《いちご》・青梅《あおうめ》・バナナ・慈姑《くわい》・筍《たけのこ》・葱《ねぎ》・玉葱《たまねぎ》・蓮根《れんこん》・にんじん・牛蒡《ごぼう》・茄子《なす》・冬《とう》瓜《がん》・南瓜《とうなす》・トマト・胡瓜《きゅうり》・越瓜《しろうり》・金糸瓜《きんしうり》・隠元豆《いんげんまめ》・天蚕豆《そらまめ》・枝《えだ》豆《まめ》・豌豆《えんどう》(グリーンピース・莢豌豆《さやえんどう》・つぶえんどう)・大豆《だいず》・黒《くろ》豆《まめ》・鶉豆《うずらまめ》・豆腐《とうふ》・松茸《まつたけ》・椎茸《しいたけ》・しめじ茸《だけ》・栗《くり》・梨《なし》・柿《かき》・黄《き》菊《ぎく》・ずいき・根芋《ねいも》・蕪《かぶ》・大根《だいこん》・馬鈴薯《じゃがいも》・甘藷《さつまいも》・里芋《さといも》・八《や》つ頭《がしら》・赤目芋《あかめいも》・大和薯《やまといも》・きぬかつぎ

(肉類篇)

鯛《たい》・鮃《ひらめ》・鰈《かれい》・鰹《かつお》・鱈《たら》・鮭《さけ》・鱒《ます》・鰆《さわら》・むつ・鰤《ぶり》・鯵《あじ》・鯖《さば》・秋刀《さん》魚《ま》・鰯《いわし》・わかさぎ・沙魚《はぜ》・鯉《こい》・川魚《かわうお》(川魚・鰻《うなぎ》・雑魚《ざこ》)・鮎《あゆ》・あなご・鱧《はも》・白魚《しらうお》・針魚《さより》・こはだ・塩魚《しおうお》・飛魚《とびうお》・太刀魚《たちうお》・かます・鮪《まぐろ》・ぼら・鰊《にしん》・鱸《すずき》・あいなめ・こち・鱚《きす》・かながしら・めばる・あんこう・魴鮄《ほうぼう》・かずの子《こ》・さめ・烏賊《いか》・章魚《たこ》・海月《くらげ》・なまこ・海老《えび》・しゃこ・蟹《かに》・鮑《あわび》・蠑螺《さざえ》・貝柱《かいばしら》・赤貝《あかがい》・鳥貝《とりがい》・平貝《ひらがい》・ばか貝・蜆《しじみ》・蛤《はまぐり》・牡蠣《かき》・浅蜊《あさり》・なまりぶし・半《はん》ぺん

卵……鶏卵

鳥肉……鶏肉・鴨・小鳥(小鳥・寒雀《かんすずめ》)

獣肉……牛肉・豚肉・羊肉・兎肉・馬肉

資料1　昭和10年のレシピに登場する食材(『放送料理一千集(野菜篇)』『放送料理一千集(肉類篇)』より)

うです。その他の食材はおおよそ国内でとれたものか、近海でとれたものと思われます。お魚なんぞも大半が近海物ですが、ちょうどこの頃、日本もトロール船で北洋にのり出しはじめております。

このリストにクジラはありませんが、昭和に入った頃から南氷洋の捕鯨も始まっております。昭和9年に試験操業を行い、10年から本格操業に入り、この年は639頭のクジラをとっておるのです。しかし昭和16年の579頭を最後に南氷洋捕鯨は戦争で中断されるのでした。

一方、畜産業界はというと、現在のように家畜飼料を輸入だのみにするのでなく、国内の牧草でまかなっておったようです。大正14年に北海道製酪販売組合連合会(のちの雪印乳業)を中心にバターの製造をおしすすめ、一時輸入100万斤《きん》(600トン)ともいわれたバターの国産化を成しておるのです。それが昭和9年頃ですから、バターとて自給率が高くなっていたと思われます。

だから海外からの輸入食材というと、たとえばボルネオに作った水産会社からの冷凍のエビ、マグロ、カツオなどでして、それ以外は、きわめて自給率が高かったということですね。

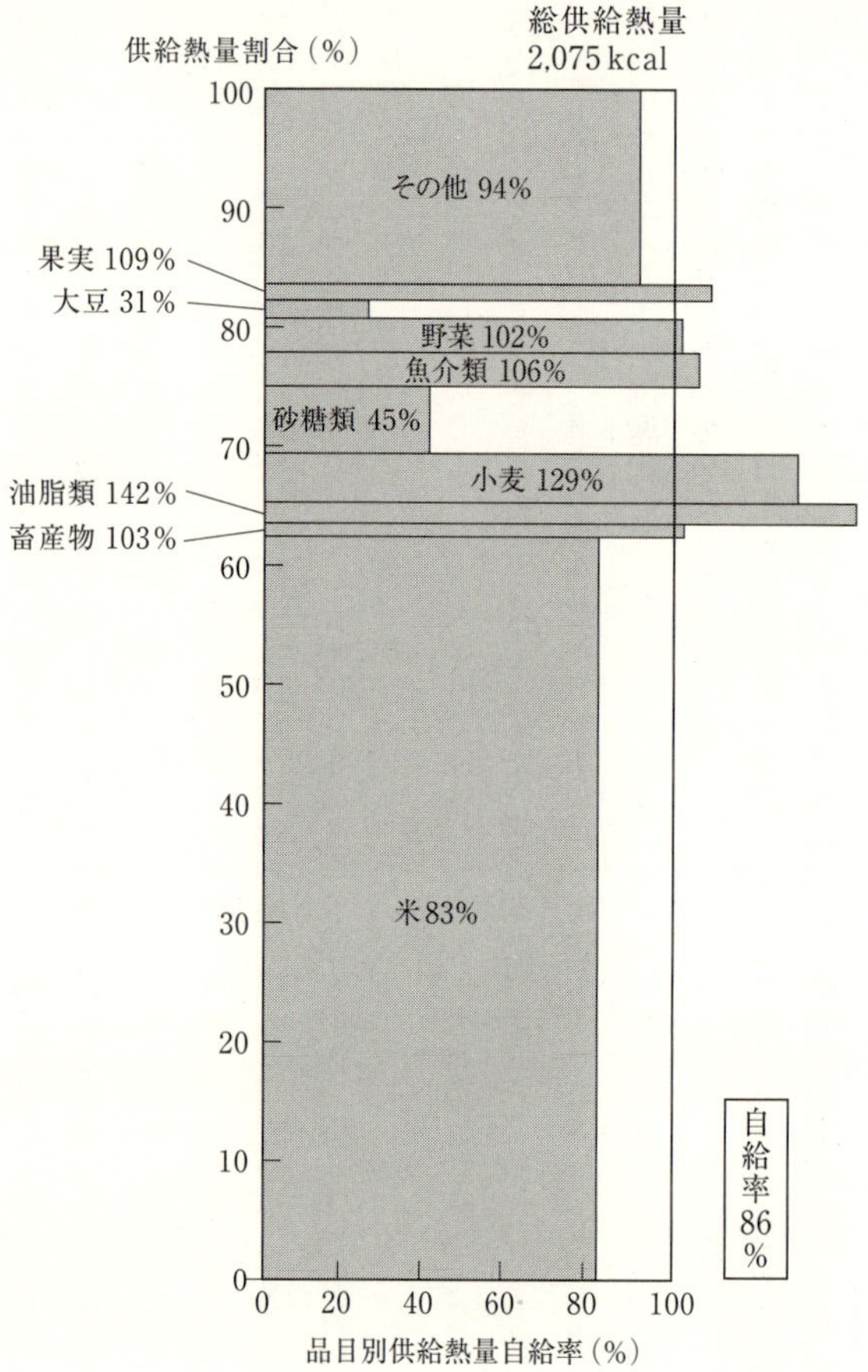
総供給熱量
2,075 kcal
供給熱量割合（%）
その他 94%
果実 109%
大豆 31%
野菜 102%
魚介類 106%
砂糖類 45%
小麦 129%
油脂類 142%
畜産物 103%
米83%
自給率86%
0 20 40 60 80 100
品目別供給熱量自給率（%）

昭和14年度の食料自給率を見てみると(資料2)、なんと自給率86%。ただし輸入飼料のデータが不明らしく、今日のカロリーベースによる数値とはそのまま比較できません。昭和10年のレシピにのぼった食材の種類、そして輸入物の少なさを考えると、もしかしたら食料自給率40%前後の今日の日本で自給可能な食料の量全体とたいして差がないのかもしれん? なんてことを思ってしまうのでした。

もちろん、現在の日本の人口は当時に比べてほぼ倍になっているので、そのまま比較することは難しい。しかし、第二次世界大戦後の食料生産は全世界的に向上しております。米の一部を輸入だのみしていた戦前と比べ、その米とて、人口は大幅増ながら1970年頃からは余りはじめるくらい生産が増しています。

食料生産量が増えた要因は何か、と考えると、まず化石燃料によるところが大きいでしょう。化学肥料が多用され、トラクターなどの農機具が行きわたり、ボイラーの熱によるハウス栽培も可能となった。化学肥料や農薬を大量に使い、大型農機具で耕してゆけば、食料の生産量とて

資料2　昭和14年度の食料自給率(人口:7138万人,耕地面積:603万ha,耕地利用率:134%)(農林水産省「食料の安定供給と食料自給率」より)

当然増えますわな。そして、生産が増えれば値段も下がる。

日本で米が余るようになった頃から、日本人は自国で食料を生産することより、より低価格の外国産の食料を買うようになってきて、今日の食料自給率低下を招いたのでしょう。

何をどれだけ食べていた？

農林水産省のパンフレットを見ると、自給率40％の日本で国産食料のみの生活をするとこんな献立になりますよーといった絵をよく見かけるんですね。1日にサツマイモが2本とジャガイモ3個、卵は10日に1個、ごはんは1日に茶碗2杯……。あれは単純にカロリーで計算してみた結果だと思うんです。

では、国内でとれる食料で80％以上の自給率を保っていた昭和10年頃の人びとは、いったい、どのようにして食べておったのか？　レシピの料理名だけ見ると、「豚肉詰め筍《たけのこ》」とか「牛のスチゥ」とかが見え隠れするし、「鰈《かれい》のムニエル」「秋刀魚《さんま》の牛乳焼き」などという一見ハイカラだが、しかしナゾめいたものも並んでおります。国内産の食料だけで、そんなハイカラなモダンごはんを実現できるのか？　このような疑問を持ちはじめると夜も眠れなくなるので、くやしいから昭和初期の主婦向け料理本を片っぱしからひろげて調べてみたですよ。

５人前で豚肉○○匁《もんめ》とか書かれているレシピにそって、いろいろと作ってみると、70年以上も前ですから、現代の食材と異なるものもあります。野菜の品種も改良されていて、今ではアクなんぞほとんど出ないものもあるから、ゆでる時間も調整しなけりゃナラン。毎日毎日、いにしえの料理を作ってみましたが、やってみると、自給率が高いのがなんとなーく納得できなくもないのでした。

食材として牛肉も豚肉もよく登場はします……しますが、その使用量はいたって少ない。詳しくは7章で検証しますが、肉が５人前で１００～２００グラムなんてあたりまえなんですね。つまり１人あたり20～40グラム。なるほど、その程度なら牧草を食べさせて育てた牛で間にあうんだわ。

魚にしても１人あたりがサバ４分の１匹分くらいだったりする。その代わり、イモやダイコンなどの野菜をたっぷり食べておるのです。カレーでたとえると、ジャガイモ３個、ニンジン２本、タマネギ２個に対し、肉が80～１００グラムというあんばいですね。これは確かにローカロリーですなあ。また、油で揚げたり炒《いた》めたりもするが、そもそもサバ4分の1匹くらいだから、油の摂取も少なくてすむ。これ、厚生労働省のメタボ対策として有効なんじゃなかろーか？

そしてこの時代は冷蔵庫を持っている家庭など稀《まれ》でありましたから、食品の保存性を高めるため、塩漬けにしたり佃煮《つくだに》、味噌漬けなどを多用しておりました。「だから、塩分の摂り過ぎになって……」と言うのは、やってみたことのない人のお言葉ですぞ。牛肉やマツタケの佃煮、イカの塩辛、梅干し、タクワン、どれも今のものよりずっとしょっぱいが、しょっぱさゆえ、ほんのちょこっとしか食べられない。ほんのちょこっとごはんにのせて、それで山のようにごはんが食べられる。その頃、北海道に入植した人の話によると、ゆでたジャガイモにイカの塩辛をひと切れのせて、それだけでジャガイモを1個、食べてたそうな。

昭和10年頃の食生活は、食料問題、環境問題で行き詰まりつつある21世紀の「暮らし方の指針」になるのではないか。そういう思いで、さらに当時の食べ暮らしを検証してみたいと思っております。

バラエティに富んだ野菜

昭和11年の『農林種苗便覧《のうりんしゅびょうびんらん》　秋のカタログ』を入手しました。農家向けの通販カタログです。明治・大正時代の料理本には西洋野菜がほとんど登場することがなく、大正時代の野菜料理の本に出ていた珍しい西洋野菜は、チシャとセルリーくらいのものでした。アスパラガスなんざ「西洋うど」の表記ですもんね。ところが、この『農林種苗便覧』を見ると、昭和11年の野菜は、かなりバラエティに富んでいたことがわかるのです。

日本が海外の野菜をとりいれはじめたのは日清・日露戦争の後といわれております。今日の日本人は不思議に思うかもしれないが、「白菜」という野菜を日本人がバンバン食べるようになったのも、日清戦争の後だといわれている。昭和初期の料理本には「中国でよく食べる白菜も、塩漬けにすると美味しく食べられる」といった記述があり、日本人にとって白菜は、まず漬物材料、次が中国式の油炒めとして入ってきた。鍋物に入れるのは主に戦後のレシピなんですね。今日では縄文時代から食べられてたような感じのする白菜とても、その食歴は意外と浅い。中国からいろいろな品種の白菜を入れ、さらに中国に進出してきている欧米諸国からは西洋野菜が入ってきたようです。

しかし、いくら外来の種子を輸入して栽培しても、食べる人がいないと売りものにはならない。そんな外来野菜を使いはじめたのは、欧米人からそれらを使った料理を学んだ日本の料理人たちだったようです。そして関東大震災の後、東京の住宅の都市ガス普及率が上がったことで、料理は非常にやりやすくなるのでした。10分以上かけて炭火をおこさなきゃ料理が始まらなかった震災前と比べて、マッチ1本でたちまち火がともるようになる。家庭での料理が楽になると、婦人料理本のモダンな洋風料理もたやすく作れるんですね。

そんなワケで、セージ、タイムなどのハーブも、この当時、すでに栽培されはじめていたのです(資料3)。当時珍しかったオクラも、日本流の食べ方が始められたようですね。オクラの原産地エジプトあたりではドロドロに煮詰めた黒っぽいスープで食べるらしいが、日本人は生食するか、さっとゆでておひたしで食べだしたのです。しかし、だ、それにしても「種はコーヒー代用」とはネ。たしかに大きく成長して硬く

(種)229 パースレー 縮緬葉《ちりめんは》 一袋五銭 五勺廿八銭 一合五十銭

葉は細かに縮んで香氣があり、ゆでてひたしものとし、油揚と煮、或は肉類魚肉等の附け合せとして生食する。

(種)1057 パースレー ノンプルーウルトラ 輸入種 一袋十銭 五勺三十銭 一合六十銭

(種)995 セルリアック 輸入種 一袋十銭 五勺一圓二十五銭 一合二圓五十銭

葉は前記と同様、根はスープ、シチュウ等に用ひます。

セルリー

(種)230 早生白茎セルリー ホワイトプルーム 一袋十銭 五勺四十五銭 一合八十銭

(種)216 高級黄茎セルリー ゴールデン・セルフブランチング 内地産 一袋十銭 五勺一圓五十銭 一合三圓 輸入種 一袋十銭 五勺五十銭 一合四圓五十銭

(種)340 食《しょく》用《よう》薊《あざみ》 輸入種 一袋十銭 一勺一圓

大きいツボミが附き之を煮食する。

(種)355 食用蒲公英《しよくようたんほぽ》 輸入種 一袋十銭 一勺六十銭

野生タンポヽの改良種で、葉厚く茎柔かです。ゆでてひたしものとする。

(種)370 ルバーブ 一袋五銭 五勺四十五銭 一合八十銭

フキに似た植物で食用法もフキと同様ですが、砂糖を入れ茎のとける迄煮ると、上等のジャムとなります。

(種)334 オクラ 一袋五銭 五勺十四銭 一合二十五銭

丈三尺位で、細長い莢を結びます。未熟の莢を食用とし、種はコーヒー代用。

(種)363 コーンサラド ラージ・リーヴド 輸入種 一袋十銭 五勺四十銭 一合七十銭

生葉のまヽ又浸し物として食用にする

(種)364 クレス コンモン 輸入種 一袋十銭 一勺三十銭

胡椒の香氣があつて肉と共に食用とする。

(種)372 セージ 輸入種 一袋十銭 一勺五十銭

宿根性の植物、葉を蔭干にして料理用の香料とする。

(種)373 タイム 輸入種 一袋十銭 一勺一圓二十銭

矮性宿根植物で葉と若芽を香料とする

(種)374 陸《をか》ひぢき 一袋五銭 二袋九銭

若い茎葉を煮又は汁の實、ひたしものにすれば甚だ佳味です。

(種)1052 はぶ草《さう》 一袋五銭 一合二十銭 一升一圓五十銭

本種は眞正のはぶ草で、毒蟲に刺された時に葉の汁を附ければ、治療の效ありと云はれます。

資料3 『農林種苗便覧』に掲載されているハーブ類

なったオクラの種を干すと黒くはなるが、コーヒーとは言い難い。まだ、タンポポの根を乾燥させて炒《い》ったもののほうがコーヒーっぽいと思います。

大正時代の野菜料理本に最もたくさん料理法が載っていたのが大根でしたが、このカタログを見てもやっぱし大根とカブがダントツですね。それに今日と違って、なんと種類の多いことか(資料4)。支那青大根は今でも信州で作られているし、桜島や守口、練馬など、郷土色の強い大根が目につきます。

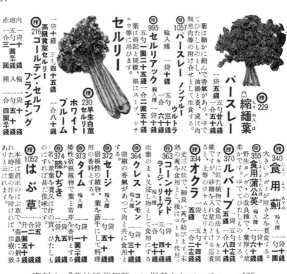

東京大長丸尻大根
高円坊大根(別名「三浦大根」)
練馬大長大根
新練馬大長大根
太長美濃早生大根
美濃早生大根
聖宮大根
丸形聖護院大根
東京甘太大根
小葉宮重長太大根
丸尻宮重大根
宮重長太大根
純白宮重大根
(別名「白首宮重大根」)
宮重総太大根
白首伊勢沢庵大根
早生方領大根
方領大根
守口大根
練馬秋詰大根
おくまる大根

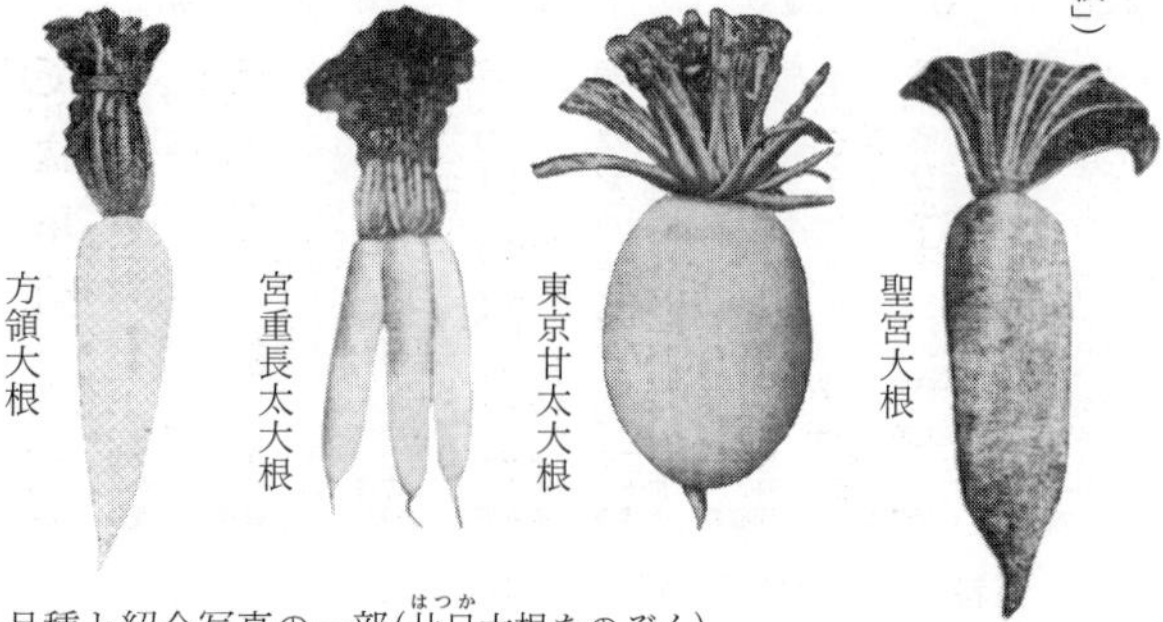

品種と紹介写真の一部(廿日《はつか》大根をのぞく)

戦後は作りやすい、売りやすい品種にかたよってしまって、地方色のあるものは隅《すみ》へと追いやられた感があります。同じ大根でも、特定の病気や害虫に弱いものもあれば、寒暖に左右される品種もある。品種がかたよると不作のときには、大根全体がダメになるというリスクもある。この時代の少量多品種、地方色豊かな品種に見習うものがあるのではなかろうか。

　このカタログには、

当社は菜類の原種採収に

支那青大根
支那紅丸大根
島大根
三十日大根
四十日大根
わさび大根
うぐろ大根
亀戸大根
赤筋大根
天満大根
和歌山大根
岩国錦帯大根
青皮紅心錦大根
早太り花知らず時無大根
早生桜島大根
晩生桜島大根
二年子大根
細根大根
小瀬菜大根
堀入大根
桃山大根

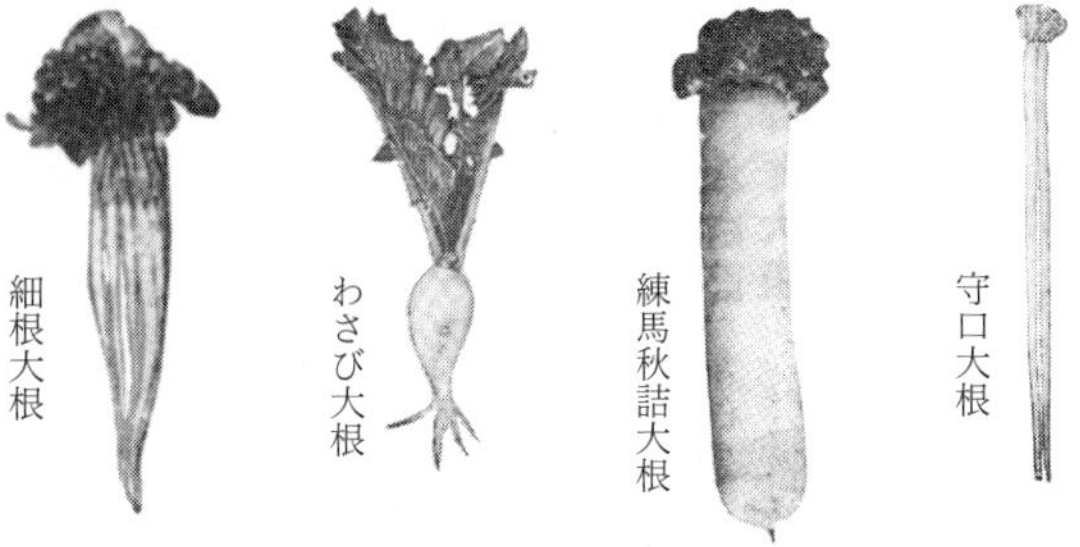

資料4　『農林種苗便覧』に掲載されている大根の

網張室を利用して、他品種との雑婚を予防し出来得るだけ純良原種を採ることに注意を払って居る。

などとあり、種子産業としてのアピールも見えますな。商品価値の高い野菜を作れるという差別化を狙ったものでしょう。

廿日《はつか》大根（ラディッシュ）の種子も、8種類カタログに出ています。これも、昭和に入ってから洋食が盛んになったことの表れでしょう。この時期、外来の種子をかなり輸入していますが、魚や肉と違い、種子は国内の農場で育てるから、単なる食料輸入とは意味が異なります。たかが種子だから輸送も楽だし、毎年新たな種子がとれる。気候に合わなきゃ作るのをやめればすむ。

しかし、生態系に土足で入り込む生物を輸入するのはイカン。戦後の食料難を救うべく輸入されたウチダザリガニは、在来種のザリガニを食べちゃうらしい。フランス料理のエスカルゴ代わりに輸入し、養殖を始めたもののろくに売れなかったジャンボタニシは、今や水田の稲を食い荒らすやっかいもの。しかもその繁殖力がスゴイから、いくら卵の段階で駆除しても、まにあわない。ブラックバスやブルーギルなどの獰猛《どうもう》な魚が、今日、琵琶湖では大繁殖しておる。そんな生物と比べると、種子は在来種と交配する可能性があるものの、まだ歯止めがききやすいという良さがあるし、最近では、大半がF_1と呼ばれる一代限りのものだから、勝手な繁殖もしにくいのです。

食料自給問題に立ち向かうには、まさに種子産業を握ってなくてはならんでしょう。アメリカは種子こそ戦略兵器という考えのもと、ものすごい種類をストックしていると聞く。品種改良も今日では遺伝子レベルのことになり、その特許に縛られておりまず。遺伝子組み換えをしなくても、遺伝子マーカー法という都合のいい遺伝子を持つ種を交配させる品種改良法もあるのです。種子産業は、今や食料を戦略物資にしてしまったようです。はて、イカガナモノカ。

乾物が西洋料理？

冷蔵庫が普及するにしたがって、日本人は乾物、塩蔵物を使わなくなってきました。現在でも乾物を使い続ける私には珍しくもないが、使ったことのない新人類(？)にとって、昭和10年頃の料理本に見る乾物は「珍なる物」かもしれんです。

当時、乾物は主要な食材で、食卓メニューの多様さを支えておりました。では、どんなものが乾物とされていたのか？ 資料としたのは**「家庭西洋料理全集」**(『婦人倶楽部』昭和12年5月号附録)というものです。よろしいですか？「西洋料理」の本ですぞ。

この本にはレシピのほかに食材の解説があって、その「乾物」の項に紹介されているのが、まずは「身欠鰊《みがきにしん》」「塩鮭《しおざけ》」「目刺《めざし》鰯」「煮干《にぼし》」「干鱈《ひだら》」「鰹節《かつおぶし》」「削節《けずりぶし》」「帆立貝《ほたてがい》の柱《はしら》」「蛯貝《うばがい》(北寄《ほっき》貝《がい》)」「鰘鰺《むろあじ》」「鯣《するめ》」「切鯣《きりするめ》」「昆布《こんぶ》」「若布《わかめ》」。14番目までが海産物であり、しかも典型的な和食食材ですね。続いて登場するのが「マカロニー」「干瓢《かんぴょう》」

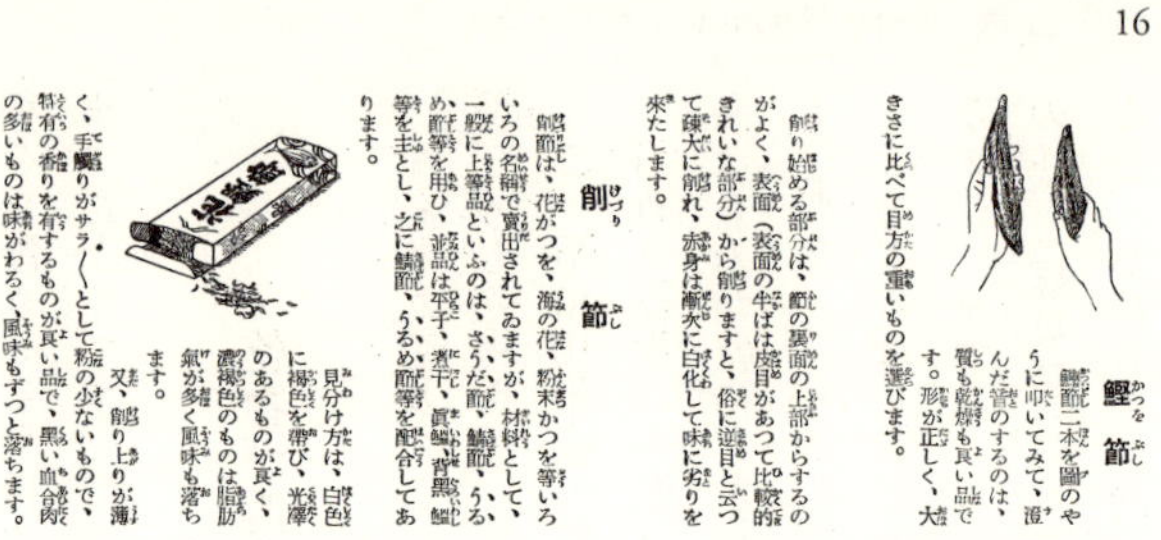

16

鰹《かつを》節《ぶし》

鰹節《かつをぶし》二本《ほん》を圖《づ》のやうに叩《たゝ》いてみて、澄《す》んだ音《おと》のするのは、質《しつ》も乾燥《かんさう》も良《よ》い品《しな》です。形《かたち》が正《たゞ》しく、大《おほ》きさに比《くら》べて目方《めかた》の重《おも》いものを選《えら》びます。

削《けづ》り始《はじ》める部分《ぶぶん》は、節《ふし》の裏面《りめん》の上部《じやうぶ》からするのがよく、表面《へうめん》（表面《へうめん》の半《なか》ばは皮目《かはめ》があつて比較的《ひかくてき》きれいな部分《ぶぶん》）から削《けづ》りますと、俗《ぞく》に逆目《さかめ》と云《い》つて疎大《そだい》に削《けづ》れ、赤身《あかみ》は漸次《ぜんじ》に白化《はくくわ》して味《あぢ》に劣《おと》りを來《き》たします。

削《けづり》節《ぶし》

削節《けづりぶし》は、花《はな》がつを、海《うみ》の花《はな》、粉末《ふんまつ》かつを等《など》いろいろの名稱《めいしやう》で賣出《うりだ》されてゐますが、材料《ざいれう》として、一般《いつぱん》に上等品《じやうとうひん》といふのは、さうだ節、鯖節《さばぶし》、いゝ節、うるめ節等《とう》を用《もち》ひ、並品《なみひん》は平子《ひらご》、煮干《にぼし》、眞鰯《まいわし》、背黒鰯《せぐろいわし》等《とう》を主《しゆ》とし、之《これ》に鯖節《さばぶし》、いゝ節、うるめ節等《とう》を配合《はいがふ》してあります。

見分《みわ》け方《かた》は、白色《はくしよく》に褐色《かつしよく》を帶《お》び、光澤《くわうたく》のあるものが良《よ》く、濃褐色《のうかつしよく》のものは脂肪《しばう》氣《け》が多《おほ》く風味《ふうみ》も落《お》ちます。

又《また》、削《けづ》り上《あが》りが薄《うす》く、手觸《てざは》りがサラ〳〵として粉《こな》の少《すく》ないもので、特有《とくいう》の香《かを》りを有《いう》するものが良《よ》い品《しな》で、黒《くろ》い血合肉《ちあひにく》の多《おほ》いものは味《あぢ》がわるく、風味《ふうみ》もずつと落《お》ちます。

資料5　「家庭西洋料理全集」による「鰹節」「削節」の見分け方・扱い方

「乾海苔《ほしのり》」「ゆば」「高野豆腐《こうやどうふ》」「素麺《そうめん》」。まさに和のオンパレードで、洋風といえばマカロニーくらいのものです。

資料5は、その中の「鰹節」と「削節」です。この2つを、はっきり区別してますね。料理用語としてこれは正しい。鰹節といえるのはホンガツオを原料とし、ゆでて焙煎《ばいせん》、乾燥、かびづけを繰り返した節そのもののことです。そして削り節のほうは小型のソウダガツオ、サバ、イワシを原料として作った節を、すでに薄く削って売ってるもののことを指します。近頃では削り節を使うことも少なくなり、鰹節そのものを削る人もまれになりましたが、当時はまだ旨味《うまみ》の素《もと》として重要な位置を占めておったのでしょう。

しかし、この「家庭西洋料理全集」に載っている和の食材的乾物を利用した料理は、干しエビ、干し貝、干鱈を使う、「カボチャのコロッケ」一品のみでした。さすがにコロッケには身欠きニシンは使えなかったんだろーなあ。西洋料理で使う保存食は、どちらかというと乾物より塩蔵ですもんネ。その他のレシピには、塩鮭、昆布はわずかに登場するものの、この本での乾物は、そんなに重要なポジションではないのです。

しかし、当時の西洋料理以外の料理本には、乾物がごくあたりまえに登場いたします。豆類は乾燥させて保存するものとされていたため、いちいち乾物とはいわないし、シイタケ、大根葉、昆布などもふんだんに出てくるのです。干鱈などは干し魚の中でもよく登場する食材でして、水で戻した後、薄く切って刺身として食べるレシピをよく見かけます。また、干鱈を水で戻してふわふわになるまですり鉢ですり、片栗粉を水溶きした衣で揚げる「干鱈の揚物」や、「干鱈の熟柿《じゅくし》和え」「干鱈の酢物」などもありました。

また、当時の料理本にイヤというほど出てくるのが、切り干し大根や割り干し大根。これも細かくいうと、ゆでてから干すのと、生のまま干すのがありまして、「ゆで干し」のほうが水で戻すのも早く、やわらかく戻るのです。

凍豆腐《しみどうふ》、干しエビ、干しホタテなど、現代人からすれば一見手間がかかる面倒な食材のような気がするかもしれないが、寝る前に水に浸《つ》けとけば翌朝はやわらかくなっており、ごく短時間加熱するだけで料理できちゃうのが乾物です。切り干し大根なんざ、加熱しなくても食べられる。昭和10年頃の人々は乾物を多用することで、料理時間も燃料も節約していたのかもしれない。

マツタケに「お安い時」があった!

まったくうらやましいというか、くやしいというか……。昭和10年頃ってこんなにもマツタケやカズノコを食べておったのかあ!! というくらい、今や幻のマツタケがレシピにわんさと出てくるのであります。昭和14年の雑誌によりますと、

松茸の揚物 マツタケを1・5センチくらいの長さに切ってから縦2つに切る。すり身にした芝エビ、小麦粉、卵を溶き合わせて衣にして揚げる。

松茸のクリーム煮 縦2つに割いてバターで炒めて塩、コショウ。これをホワイトソースであえる。解説には、「松茸がとてもお安い時に」と書かれてるが、お安い時など、今の私らには一生お目にかかれそうもない。

松茸の泡雪《（ママ）》蒸　１８０グラムのマツタケを８ミリくらいの厚さに切り、鶏肉１００グラム、つぶした豆腐１丁、卵の白身１個分、だし汁１８０ccを加えて蒸し茶碗５つにわけて蒸す。

先ほどの「家庭西洋料理全集」にも――

松茸のバター炒め　縦1センチに切ってバター、塩で炒め、そこに小麦粉をふりかける。

松茸のフリッター　縦4センチ、幅6ミリ、厚さ3ミリくらいに切って衣をつけて揚げる。衣は、卵の黄身、小麦粉、泡立てた白身。

いやはや、もとからあった和食にこのような西洋風まで加えると、何ともゼータクなものです。

カズノコも今日では塩カズノコばかりだが、当時は干しカズノコも使われておったようです。昭和11年の「**家庭で出来る　食料品の作方三百種**」（『主婦之友』８月号附録）によると、干しカズノコを戻すには、

水洗い後、米のとぎ汁に約五日間漬けて軟らかくする。その後は真水につけ、たびたび水を換えて保存する。

資料6　「数の子の大和漬の漬け方」のイラスト(「食料品の作方三百種」より)

とあります。塩カズノコの場合は、薄い塩水に2時間くらい漬けて戻すとありました。

そして、このようにして戻したカズノコで作る「べったら漬け」や「大和《やまと》漬」「粕漬」のレシピが紹介されているのですが、たとえば、「べったら漬」は、蒸した米に麹《こうじ》と焼酎《しょうちゅう》を混ぜて密封容器で3日間寝かせ、これを床にして戻したカズノコを漬けると日が経つにつれて美味しくなる、というわけです。

大和漬(資料6)は、醤油、酢、砂糖を煮立てた汁に昆布だしを加え、戻したカズノコを漬けるもので、粕漬けは、塩抜きした塩カズノコか、戻した干しカズノコであれば塩水に浸してから、酒粕、砂糖、みりんの床に漬け込み、1週間目くらいから美味しく食べられるというものです。干しカズノコであれば、戻すのに5日、漬けるのに最低1週間ですから、これぞスローフード。なるほど、冷蔵庫がないだけに、保存性のいい干しカズノコを用い、麹や醬油や酒粕に漬け込むことで、さらに傷《いた》みにくくしておったんですなあ。

最近、カズノコはやや安値になったとはいえ、カナダあたりからの輸入品が多く、かつてのような北海道産は少なくなっております。ニシン御殿が建っちゃうくらい乱獲したため、ニシンは激減した。森林伐採が海の環境に影響を与えたためともいわれています。マツタケも、アカマツの森林を維持せず、林業をないがしろにし、杉ばかり植えた結果、まぼろしタケとなってしまったんですねー。

カナダや北朝鮮からカズノコやマツタケを輸入するしかなくなった21世紀の日本から見たら、昭和10年頃って、実は豊かだったのかもしれない。

２章　昭和の「お買いもの」マニュアル

買いもの上手の心得

昭和７〜８年に雑誌『婦女界』の附録として刊行された「家庭百科重宝辞典」（全６冊）という辞書仕立ての小冊子に、「かいもの」という項目があります（資料７）。うーん、含蓄ありますね。失敗しない買いものの基本なんて、70年以上経っても変わらんものなんですな。

品物を見て現金買いすること、というのは実に正しい。食品はとりわけ、その品を手にとって鮮度などを確かめて買うべきでしょう。昨今はやりの通信販売は、クーリングオフというのがありますが、それでも解約はめんどくさい。これがネットオークションとかになると解約などままならん場合もある。

かいもの（買物《かひもの》）〔家〕買物《かひもの》の上手《じやうず》下手《へた》は家計《かけい》の上《うへ》に非常《ひじやう》に大《おほ》きな影響《えいきやう》があることは、いふまでもない。同《おな》じ買物《かひもの》といつても、都會《とくわい》と田舍《ゐなか》では土地《とち》の事情《じじやう》が違《ちが》ひ、俸給生活者《ほうきふせいくわつしや》と不定收入者《ふていしうにふしや》とでは、同《おな》じ様《やう》にゆかない理由《りいう》もあるが、すべてを通《つう》じて次《つぎ》の様《やう》な要領《えうりやう》で買物《かひもの》すれば間違《まちが》ひがない。

○品物《しなもの》を見《み》て現金買《げんきんか》ひすること。あらゆる買《か》物《の》を現金買《げんきんか》ひすることは、事實上《じじつじやう》不可能《ふかのう》かも知《し》れないが、せめて副食物《ふくしよくもつ》のやうな其《そ》の日《ひ》々〳〵に要《い》るものだけは、坐《すわ》りこんで御用聞《ごようきゝ》に持《も》つて來《こ》させるやうな、愚《ぐ》な買《か》ひ方《かた》はやめにしたい。大根《だいこん》を一本《ぽん》、南瓜《かぼちや》を一つといふやうな注文《ちゆうもん》をして、後《あと》で大《おほ》きいの小《ちひ》さいのと小言《こごと》をいふよりは、見《み》て買《か》へば一度《ど》で解決《かいけつ》するし、又月末《またげつまつ》に帳面《ちやうめん》を調《しら》べる面倒《めんどう》もなく、買《か》ひ込《こ》みの心配《しんぱい》もない。

○品物《しなもの》を比較研究《ひかくけんきう》すること、方々《はう〴〵》の店《みせ》を見《み》て何處《どこ》の品《しな》がよいか、價《あたひ》が高《たか》いか安《やす》いかを常《つね》に研究《けんきう》する必要《ひつえう》がある。同時《どうじ》に品物《しなもの》を見分《みわ》ける力《ちから》もつけて、安《やす》いのに釣《つ》られて、つまらない物《もの》をつかまない様《やう》に氣《き》を付《つ》ける。これには都會《とくわい》にはデパートや市場《しぢやう》などといふ重寶《ちようほう》な機關《きくわん》があるから、よく見學《けんがく》するがよい。又常《またつね》に婦女界《ふぢよかい》の新《あたら》しい商品《しやうひん》の紹介《せうかい》を注意《ちゆうい》して讀《よ》む必要《ひつえう》がある。

○むやみに値切《ねぎ》らないこと。緣日《えんにち》の植木《うゑき》のやうに、値切《ねぎ》つていゝものもあるが、魚《さかな》や野菜《やさい》を値切《ねぎ》つて買《か》ふ習慣《しふくわん》は、相手《あひて》に高《たか》く吹《ふ》つかけさせる様《やう》な結果《けつくわ》を生《う》むばかりで、決《けつ》して上手《じやうず》な買物《かひもの》ではない。高《たか》いと思《おも》へば買《か》はないでおくに限《かぎ》る。しかしこれも土地《とち》によつては、値切《ねぎ》らない方《はう》が馬鹿《ばか》を見《み》るやうなところもあるので、その邊《へん》は適宜《てきぎ》にした方《はう》がよい。

○よく賣《う》れる店《みせ》から買《か》ふこと。これはいふまでもなく賣《う》れる店《みせ》は、常《つね》に商品《しやうひん》が新《あたら》しい。わけても食料品《しよくれうひん》や藥品《やくひん》などはよく賣《う》れる店《みせ》から買《か》はないと、古《ふる》いものは不安心《ふあんしん》である。

○必要品《ひつえうひん》は常《つね》に心掛《こゝろが》けて上手《じやうず》に買《か》ふこと。ちり紙《がみ》、石鹼《せつけん》のやうな消耗品《せうもうひん》、浴衣地《ゆかたぢ》木炭《もくたん》のやうな、季節《きせつ》に應《おう》じて是非入用《ぜひにふよう》なものは、賣出《うりだ》し、特賣《とくばい》、景品付《けいひんつき》等《とう》を利用《りよう》して、少《すこ》しでも安《やす》く手《て》に入《い》れる方《はう》が賢《かしこ》い方法《はうはふ》である。

○平常用《へいじやうよう》の衣服《いふく》その他《た》の實用品《じつようひん》は百貨店《くわてん》の特賣部《とくばいぶ》を利用《りよう》すること。特賣品《とくばいひん》の中《なか》にも仲々《なか〳〵》いいものがあるが、上手《じやうず》に掘出物《ほりだしもの》をするには、平素《へいそ》普通《ふつう》の賣場《うりば》で品物《しなもの》の値段《ねだん》をよく知《し》つておけば、本當《ほんたう》に格安《かくやす》の品《しな》を買《か》ふことが出來《でき》る。

○流行品《りうかうひん》は陳列會《ちんれつくわい》で買《か》ふに限《かぎ》る。式服《しきふく》、社交《しやかう》服《ふく》、繪羽《ゑば》羽織《はおり》等《とう》を新調《しんてう》するには、百貨店《くわてん》の春秋《はるあき》の陳列會《ちんれつくわい》で買《か》ふと、流行《りうかう》の品《しな》が割《わり》に安《やす》く買《か》へ、しかも流行《りうかう》のトップを切《き》る品《しな》だけに、三四年《ねん》は安心《あんしん》して着《き》られる。近頃《ちかごろ》は婚禮衣裳《こんれいいしやう》でさへ、陳《ちん》列會《れつくわい》で買《か》ふ人《ひと》が多《おほ》い位《くらゐ》で、別誂《べつあつらへ》にして染代《そめだい》を倍以上《ばいいじやう》も出《だ》すのは、見《み》す〳〵不經濟《ふけいざい》でもあり、その上《うへ》又染上《またそめあが》りが氣《き》に入《い》らない等《とう》の不滿《ふまん》さへ生《しやう》じることがある。反物《たんもの》に限《かぎ》らず、裝身具《さうしんぐ》も陳列會《ちんれつくわい》で買《か》ふ方《はう》が、自由《じいう》に選擇《せんたく》出來《でき》て、而《しか》も流行《りうかう》おくれの物《もの》をつかむ憂《うれ》ひが全《まつた》くない。

○尚《なほ》、デパートの利用法《りようはふ》、特賣品《とくばいひん》の買《か》ひ方等《かたとう》については、デパートの項《かう》を見《み》よ。

資料7　「家庭百科重宝辞典」の「かいもの」解説文

そして「現金買い」をしようというのがよろしい。昭和30年代頃までは、米や酒などツケで買って月末払いするのがあたりまえに行われておった。今でいうところのカード払いです。それに慣れてしまうと、己れのサイフのキャパシティを超えた買いものをついしてしまう。今現在の預金額が1万円しかなくても、ツケやカードなら20万円のものだって買える。25日になると給料が30万円入るハズだから、月末にはひきおとせる……。これが金銭感覚をマヒさせてゆくのでしょう。まさに買いものの大原則「日々是決算」という考え方であります。

次なる**品物を比較研究すること**。ひとつの店(たとえばスーパー)ですべてを買おうとすると、当たり外れに見舞われる。たとえば、マグロに関しては目利きだが、貝はよくない店もある。私など、他の品物はたいしたことはないのだが、卵だけは近郊の有精卵を扱っている店に出くわしたこともあるのです。また、一見高そうに見えるデパートの地下に、安くて鮮度のいい野菜を見つけたこともあります。

デパートといえば、かの銀座のデパート地下食品売り場に行ったとき、魚屋のショーケースのすみっこに「天然マダイの粗《あら》」が1パック250円で並んでました。色つや鮮度は申し分なく、量も多い。こいつぁ穴場ぢゃ!! と後日行ってみたら、今度は本マグロの粗がやっぱり250円。店のおにいさんに聞いてみると、「粗を買う人があまりいないので、安く処分したい」のだと。いい人たちですね、銀座の消費者は。皆様、グッチとかルイ・ヴィトンにばかり目が行くのでしょう。このように常にマーケティングしておき、○○を買うなら△△の店というデータを頭に入れておくことは、昔から買いものの掟のひとつだったんです。

次の**むやみに値切らないこと**、というのは時と場合によりますが、私の経験でいうと、東京では値切らんほうがよろしい。関西の場合、もともと値切られることを前提とした値札をつけることが多いので、値切らなきゃ損というのもわかります。反対に関東、とくに東京では、最初からギリギリの値札にしておき、これで買ってもらえなきゃしかたがないといった、ある種、粋がったところがあったんではなかろーか。そのような考え方が、「高いと思えば買わないでおくに限る」に表れておると思います。そして「適宜にした方がよい」というのが地域性のことでしょね。

よく売れる店から買うこと、も当然ですね。よく売れているということは、それだけ人をひきつけるものがあるということですね。では、人をひきつけるというのは何なのか？　商品でいうと、質がよいということ、価格が手ごろだということ、自分の欲しい分量で買えるということでしょう。いくら鮮度のいいタイでも、1匹丸ごとでなきゃ売らない店だと、ふたり暮らしの人には多すぎる。いくら安くても、リンゴは1箱でなきゃ売らないとなれば、普通の家庭は敬遠してしまう。

そして、客の立場に立った売り方をする店が、客をひきつけるのです。大根2分の1本でもOK。魚もおろしましょう。配達だってなんとかしましょう。そのうえ、会話も楽しく、店の感じもいいとなれば、それは「よく売れる店」になるでしょう。

そういう店なら、売れ残りも少ないので、いつも鮮度のいい品が並ぶ。古くなった食品の表示違反＝だまし売りをする必要もないんですね。よく売れてる店には信頼を寄せることのできるところが多いものですが、それがやがて、伝統とか老舗《しにせ》とかという言葉におきかえられると、看板頼みの「売れてる店」となり、客を裏切ることにもなりかねません。

老舗の料理屋の中には「売れてる店」「有名店」と思い上がり、消費者をバカにした残飯の使いまわしをやりだしたりしたところもありました。そんな思い上がった商人にだまされないためにも、買いものをする消費者は、「どう売れているのか？　どんな売り方をしているのか？」を見きわめる力を持たなくてはならない、そういう含

かいものぶくろ（買物袋《かひものぶくろ》）〔器〕買物《かひもの》を入《い》れる袋《ふくろ》は、丈夫《ぢやうぶ》で口《くち》の廣《ひろ》いのがよい。革《かは》、麻《あさ》、毛織《けおり》物《もの》などに多少《たせう》の裝《そう》飾《しよく》を施《ほどこ》したもの、或《あるひ》は千草糸《ちぐさいと》で編《あ》んだもの等《など》がある。紐《ひも》は二本《ほん》ならべてつけ、手《て》を通《とほ》すやうにする。

（買　物　袋）

資料8「家庭百科重宝辞典」の「かいものぶくろ」解説文

みのある「食品の買いもの法4カ条」だと心しておきましょう。

ちなみに、やはり当時の生活実用百科的な婦人雑誌の附録、「奥様百科宝典」(『主婦之友』昭和10年1月号附録)には、ひき肉の買い方として、

ただ挽肉《ひきにく》を幾らくださいといって買わないで、どの肉と指定して、目の前で挽いて貰うと、よいものが得られます。ただ挽肉をくださいというと、細切肉《こまぎれ》や肩のところを混ぜてよこすこともあります。

と、書いてある。たしかにこれなら、ひき肉の偽装なんて起こりっこない。自衛のための、見事な技術ですな。

「家庭百科重宝辞典」の「かいもの」項の次は、「かいものぶくろ」となっています(資料8)。これは、まさしく今はやりのエコバッグですがな。着古した服地なんかでチクチク縫って作った人も多いんでしょうね。おいさんも穴のあいたジーンズ(4〜

5回裏に布をあてて繕ったが、限界に達したので泣く泣く買いものズダ袋にした)で作ったが、広口にして肩にかけたり、背中に背負えるようにすると、スコブル便利なのです。

そもそも、日常的な食料品の買いものって、店をいろいろとチェックし、店の人といろいろ話し、自分で見て触れて、現金払いで買って、マイバッグで持ち帰るというのが、最もムダが出ないやり方だったんではないだろうか？ カードで買ってポイントためて……得した気分でいたら、実は浪費であり、質のよくないものを買ってた……なんてのが、今日いわれている、いわゆる「節約術」とも思えるのです。

賞味期限を決めるのは自分

ここ数年、賞味期限・消費期限の偽装が多発している。しかし、昭和10年頃には、賞味期限や消費期限というものはなかったし、衛生上の研究も今よりはるかに劣っていた。だから食品を売る側も買う側も、それぞれの経験や知識をもとに、自分で判断しなけりゃならなかったんですね。昭和10年の「奥様百科宝典」では、食料品の見分け方に何頁も費やされています。

いずれも基本は、自分の指で触れ、色やようすを目で見て判断する技術（資料9）。イカやタコ、魚の見分け方も、やはり触れて、見て、判断すべしとある。いかにも原始的なやり方だが、今と違って、鮮度はあくまでも自分の五感で判断するものだったんですね。

それにひきかえ70年後の今日は、衛生管理もずっとよくなったし、冷凍冷蔵技術で低温保存も可能になった。消毒・殺菌・滅菌技術も、真空パッケージの技術も我々は手に入れた。よくも悪くも、防腐剤、添加物が進歩したため、食べものを腐らせずに長時間保存させることもできるようになった。魚や肉などもすばやくマイナス60度以下に下げれば、5年や10年も保存が可能なんだそうな。おまけに解凍技術も向上したので、解凍しても生のものに見劣りしないということです。

しかしだ、ここまで保存技術、食品加工技術が向上すると、それを悪用する連中が必ず出現するものなのです。古くなった肉も、発色作用のある添加物で鮮やかなピンク色になり、腐臭すらごまかせる。とくに今の日本

資料9　「奥様百科宝典」に掲載された食料品の見分け方より，「食べ頃の肉の見分け方」「鮑の見分け方」「牛乳の見分け方」のイラストと，解説文の一部

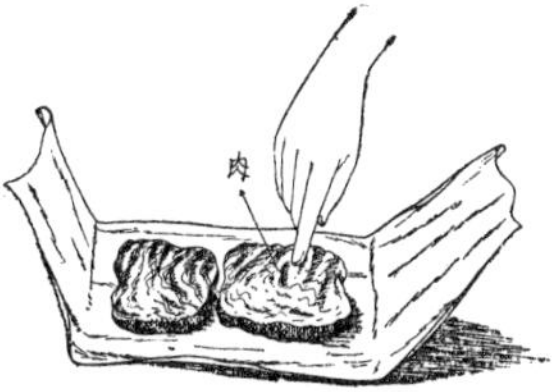

食べ頃の肉の見分け方

鮑の見分け方

指でつゝくと生きてゐるのは動きます。

牛乳の見分け方

肉類の良否の見分け方　肉類は，あまり新鮮なものよりも，一定の時間を経て，適度の軟かさになったものの方が，美味しいのです．これを，食べ頃になったといいます．▲牛肉……嗅《か》いでみて肉固有の良い香りがするもの，指でついてみて，圧《お》した痕が，暫《しばら》くして元へ戻る程度の弾力のあるものが，よいのです．新し過ぎると，すぐ元へ還ります．▲豚肉……肉の色が暗紅色で，肉肌の粗《あら》いものは，大抵『種豚』をおとしたもので，肉は硬く，不味《まず》く，悪臭のあるものです．嗅いでみること，指でつついてみることなど，牛肉と同じ見分け方によります．▲雀，つぐみ，雉《きじ》などの野禽《やきん》類……肉が殆《ほとん》ど弾力性を失って軟くなったもの，眼球が落ちこもうとしているくらいのものが，食べ頃です．

鮑の見分け方　生きているのは，身をつつくと動きます．死んだのは貝の中でだらりとなってしまっています．蒸したり煮たりするのには，古くさえなければ死んだのでもかまいませんが，水貝や酢のものにするには，必ず生きたのをお用いください．

牛乳の見分け方　爪の上に一滴落としてみて流れぬもの，水に滴《たら》すと沈むものは新しいのです．沃度丁幾《ようどちんき》を一滴落すと，藍色に変るものは，澱粉質のものの混っている証拠です．

人のように、食品が食べられるかどうかを賞味期限や消費期限のみに頼りきってると、だます側からするとこれほどだましやすいものはないのです。ニオイもなく色鮮やかで、ましてカビなぞそもそも生えやしないくらい防腐剤を使っておけば、誰でもごまかせてしまいますわ。そこで賞味期限シールの貼り替えなんぞが行われるのでしょね。

また、単体の肉や魚であれば、自分の指や目やニオイでいくらかは判断できるが、現代のように外食、冷食、総菜だらけになってしまうと、それらに使われてる食材の質なんざ、Gメンでもわからんでしょう。冷凍ギョーザに入っているひき肉の鮮度とか、わかる人なぞおりませんぞ。

中国製冷凍ギョーザ事件で日本人は中国食材を敬遠するようになったが、それじゃあ近所の総菜屋のコロッケやギョーザの具である肉、野菜などが、古いものだったり、農薬に汚染されたりしてないといえるだろうか？　昭和10年の資料に出てくる食品の見わけ方は、けっして科学的ではないけれど、その考え方は現代に十分通用するのであります。

あたしの買い方、教えます

あたしゃずっと東京の目黒に住んでいるが、食材を買うときのやり方はかなり昭和10年に近いと思ってます。おかげさんで鮮度のいい肉、魚、野菜などを購入できておりますので、その一例を挙げておきます。

鶏肉　鶏肉専門店の親父さんともう二十数年来、おつきあいをしている。その店は東北の地鶏農場と契約していて、毎朝何十羽ものしめた鶏が届き、親父さんたちが店でさばく。そしてその日のうちに売り切るから、素性もはっきりしているし、鮮度もまちがいない。包丁やまな板は清潔なので、鶏肉そのものを消毒したり防腐剤処理はしない。といって、値段もたいしたことなく、もも肉で100グラム180円で買えるのです。

魚　これも近所の魚屋と親しくなり、こちらが希望をしつこく言っていたら、いつのまにか鮮度バツグンの天然ものを入れてくれるようになったです。いくら安くても活《い》きのよくない魚は「イラナイ」と言い続けたせいか、近頃は安くていい魚ばかりをススメてくれますの。

豚や牛の肉　大きなブロックごと仕入れてカットする店で、よーく見て買ってます。いつも見ていると、そのうちに今日のレバーがどのくらい新鮮かがだんだんわかってくるんですね。豚肉や牛肉は、まず切り落としを買ってみて、その店で扱っている肉のレベルを計る。切り落としが硬くて旨味《うまみ》に乏しいようだったら、そこの高い肉もおよそ知れておるのです。

今買っている店は、試しに買った切り落としがよかったので、その後も買っておるのです。今は、切り落としよりブロックを少しカットしてもらってますが、このほうが酸化してなくて、日持ちもするようです。

野菜　有機野菜の店で買うか、毎日千葉の農家から買いつけてくる八百屋を利用しております。朝採り野菜が昼すぎには目黒の店に並ぶ。有機栽培でないものもあるが、近場の野菜は鮮度がよくて、旨い。

このように、基本的には対人販売の店で店の人とよく話し、手で触れ、よく見てにおいを嗅《か》いで買っております。スーパーできれいにラッピングされた食材って、帰って開けてみると情けないくらいに鮮度が悪く、魚なんぞは臭くってかないません。ラッピングされてちゃ、においも嗅げませんもんネ。表示された賞味期限より、己れの五感でしょう。

また、賞味期限があと1日という魚であっても、3枚におろして塩や酢でしめたり、味噌や粕に漬けておけば、1週間後あたりが最も食べ頃になるのです。昭和10年頃の料理本には、塩や味噌、酒粕などで漬けたり、酢漬けにしたものを漬けた瓶ごと煮沸して滅菌処理したものがよく登場します。冷蔵庫がないゆえの保存法でもあったんだが、同時にその食品を熟成させておったのです。

スーパーで買ってきた魚をそのまま冷蔵庫に入れたのでは、入れた瞬間から魚は腐りはじめているの。だが、おろして塩や酢などと一緒にして冷蔵庫に入れておくと、その瞬間から魚は熟成し、さらに風味を加えることができるのであります。

昭和モダン広告ギャラリー　Part 1

（昭和 9 年）

（昭和 10 年）

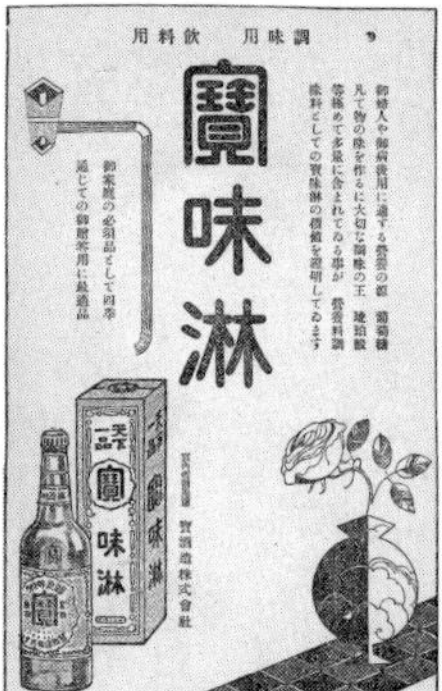

（昭和 9 年）

（昭和 9 年）

３章　料理革命は台所道具から

大震災で台所激変

　大正から昭和の時代へ移ると、料理のテキストもずいぶんと様変わりをします。大正時代の料理本は、文体がかたく、ともすれば候文《そうろうぶん》になりかねないような文語体が中心なのだが、大正から昭和に向かううちに文体もやわらかくなり、だんだん口語体になってゆく。また、文語体の頃は料理の細部にはほとんど触れていないのです。

　たとえば、「はじめに」でも紹介したように、「大根を心のままに切り、湯煮したるものにくずあんをかけて供す」ってな具合でして、今の人には何やらサッパリわからん。①大根を長さ、幅、厚さ何ミリくらいに切るのか？　②水から入れてゆでるのか、沸騰してから入れるのか？　③何分くらい煮るのか？　④くずあんの材料はくず粉、だし汁、醤油、みりんでいいのか？　⑤そのくずあんの材量の分量と作り方の手順は？　今日の常識からいうと、これらの情報が昔の文語体レシピにはないのです。それが昭和の口語体レシピにはわかりやすく書かれており、調味料も「醤油一勺《しゃく》」とか、切り方も「人参を一分《ぶ》幅に」などとあります。

手元に集めた大量の資料を分析してみますと、細かい情報を書かない文語体のレシピは割烹《かっぽう》料理の流れのもので、わかりやすく数値化した情報を載せてるものは家庭における奥様・主婦料理向けのものだとわかりました。たとえば、大正13年の『調味料理栞』という和綴じの本はまさに文語体で書かれたもので、よほど料理に精通していないと何も作れないくらい、経験と想像力を必要とするレシピです。大正6年に創刊し、昭和に入って大きく部数を伸ばした雑誌『主婦之友』は口語体で、分量、切り方、時間なども実にわかりやすく書かれているので、料理経験の少ない新米主婦にもすぐにできるものです。

このような婦人雑誌を中心に、わかりやすいレシピが出まわったことで、昭和の家庭料理に洋食や中華食が広まったと考えられます。そして、家庭の主婦、お嬢様、奥様方がわかりやすいレシピを片手に、これまではレストランでしか食べられなかったあこがれの洋食をおうちで作れるように(作るように)なったもうひとつのきっかけが、都市ガスの普及ではないでしょうか。

コックをひねってマッチをすれば、瞬時に強火が出現するガスコンロ。ガスのない時代には炭で煮炊《にた》きをしておりましたから、料理をしようと思ったら、まず10分以上かけて薪《まき》で炭おこしをせにゃならん。これはたいへんなことですぞ。さらに強火を得るまでには、最低でも10分以上かかるのでした。つまり、ガス以前の時代は、「お茶を入れましょう」と言ってから湯が沸くまで30分以上かかってしまったのだが、これがガスコンロなら5〜6分で沸いてしまう。

この便利な都市ガスが関東大震災の後、東京の街中に普及していったそうだ。震災以前の東京では煮炊きの燃料は主に炭でした。余談ながら江戸時代から江戸市中(東京)でも、薪より炭が主に使われておったそうです。薪を燃やすと火の粉が飛んで火事を起こしやすいため、火の粉の飛ばない炭が使われておったそうな。

火の粉は飛ばずとも、地震で倒壊した木と紙と瓦でできた家は炭火で片っぱしから燃えてしまったので、すぐに火の消せるガスが奨励されたのでしょう。しかし、震災後のライフラインに関しては、ガスよりも先に電気が行きわたったようです。電柱と電線があれば電気は通るので、わりと早く復旧したらしいですが、料理に使う熱源としてはガスのほうが火力もあり価格も安かったので、徐々にガスが普及していったんですね。

関東大震災では、都市ガスを使っていた世帯の約半数、11万戸のガス供給が停止したといいますが、昭和2年には約33万戸、昭和4年には約60万戸と、ガス網はみるみる拡大し、昭和13年には100万戸を突破。その後、戦災で供給が急激に減り、この昭和13年と同じ100万戸に戻ったのは昭和30年だというのだから、昭和10年頃の都心のインフラの充実ぶりがうかがえようというもの。

都市ガスの普及とともに、ガス器具も広がっていったようです。資料10のように明治時代からガス器具はすでに販売されておったものの、東京の一般家庭に普及しはじめたのは、昭和に入ってからのようでして、これはちょうど、主婦向けのわかりやすい和洋中料理本や婦人雑誌の普及と時期が一致するのでした。

写真の二口ガスコンロなんざ100年以上も昔のものですが、基本構造は今日のものとたいして変わりません。羽釜《はがま》ののっているガスかまどは、知人が持っているので使ったことがあるが、電気炊飯器よりずっと早く炊けたし、ごはん粒が立っていて旨《うま》

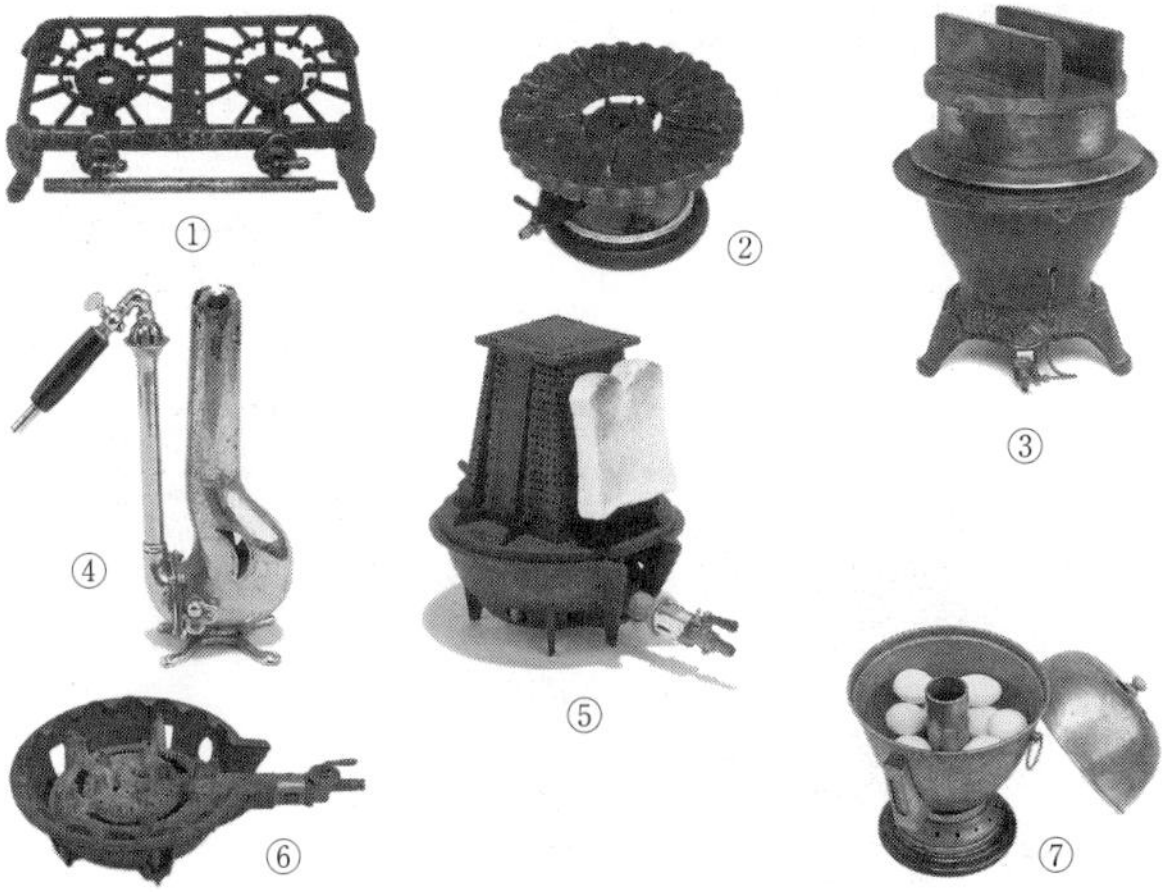

①**コロンビア二口七輪《しちりん》**　明治37年より発売．イギリスからの輸入品．
②**菊型ストーブ兼用コンロ**　大正9年．卓上コンロとして使用するほか，カバーをかぶせてストーブとしても使うことができた．
③**4升炊きガスかまど**　明治期に開発された初の日本オリジナルガス器具．写真のものは明治41年に発売され，昭和40年代まで販売されていた．
④**流線型投込湯沸器**　昭和11年．水を張ったたらいなどに本体を入れて加熱し，湯を沸かす．
⑤**食パン焼器**　昭和4年．ガス七輪の上に載せ，パンを四面に立て掛けて焼くトースター．
⑥**常用七輪**　写真の製品は昭和10年からのものだが，ほぼ同型は明治期より発売され，現在も使用されている．
⑦**卵ゆで器**　昭和初期製．しゃぶしゃぶ鍋のような構造で，下部でガスを燃やして使用．

資料10　初期のガス器具の例（所蔵・写真提供＝GAS MUSEUM がす資料館）

資料 11　昭和 12 年「お台所の栞」(東京ガス)掲載の台所リフォーム例(写真提供＝GAS MUSEUM　がす資料館)

かったです。

資料11は、昭和12年に東京ガスが発行したカタログに載っていた台所の写真ですが、かまどがないから、土間もない。床は板張りとなり、流しには水道がひかれ、ガスコンロも立って使える高さになっています。ガスの出現で、台所で「しゃがむ」必要も、なくなったんですね。

こうして、大正から昭和にかけて料理の熱源としてガス器具が一般化していったことが、料理を割烹職人のものから家庭の主婦も楽しめるものに変えていったのでしよう。

炭からガソリンまで熱源いろいろ

ガスが通ったといっても、その頃は都心だけのことで、山手線の外側はまだまだガスなどチラリホラリだったようだ。戦後しばらくしても東京の郊外に都市ガスはなく、かまどや木炭で料理をしていました。今日でも地方の田舎へ行くと、ガスはボンベに入ったLPガスでして、配管で送られる都市ガスではないのです。

では、昭和のはじめに使われていた、さまざまな熱源を、昭和10年1月の『主婦之友』附録「**奥様百科宝典**」に紹介されているものを中心に見てみましょうか。

長火鉢（資料12①）　まず長火鉢ですが、これは江戸時代から昭和まで、おなじみだった熱源です。写真のものは、幅47・5センチ、奥行30センチ、高さ23・5センチと、長火鉢にしてはずいぶんと小ぶりですね。銭形平次や商家のだんなが使っているものの約70％の大きさと思ってください。つまり長屋とかの狭いおうちで使うために、場所をとらないよう小ぶりに作られてんですね。いわば貧乏長火鉢ってとこです。

灰の上に炭を3本ばかり入れ鉄瓶をのっけておくと、2時間くらい火はもちます。夜は火のついた炭を灰の中にうめておき、朝、それをひっぱり出すとまだ火種は残っておるので、そこに炭を足せば炭おこしの必要はないのです。なぜ、こんなに詳しいのか？　この火鉢は、おいさんが20年来使っておるものだからなの。かまどの火をおとした後はこのような火鉢に炭を移し、暖房兼、煮炊き、湯わかしとしておったのです。

余熱を利用する改良竈《かまど》（資料12②）　そもそもガス、電気以前、台所の熱源の代表はかまどだった。土間に土でできたかまどをしつらえ、そこにお釜や鍋をかける。下から薪や炭を燃やして煮炊きをする。その後、耐火レンガで作ったかまどや、コンクリートで固め、外にタイルを貼ったかまども使われるようになっていきましたが、そういった新しいかまどの普及も地域によって差がありました。つまり、都会ではガスコンロを使ったモダンな料理が流行《はや》りだしたが、田舎にいくとガスなんざありえない。逆に枯木や薪ならいくらでもあるんですもん。こっちのほうがより「経済」なんでした。

ここに出ている改良かまどは、余熱が使えるように一工夫してあるかまどです。ちょっと前に、新潟県の佐渡に住んでいる友人宅でもち米を蒸したのが、この改良かまどでした。

煉炭焜炉《れんたんこんろ》（資料12③）　木炭よりもずっと火をおこしやすく、火力も強く、そして火力調節もしやすいのが煉炭でした。木炭の粉を練って筒状に形どり、干して固めたのが煉炭です。最近では命を粗末にする人たちが自殺用に使うくらいですから、一酸化炭素がアブナイ。昔の日本の家屋のようなスキマだらけならまだしも、今日のような機密性の高いおうちでは実にアブナイ。しかし煉炭コンロの下の窓を開閉させることでたやすく火力を調節でき、かつ木炭より安かったので、昭和40年代まではよく使われておったのです。余談ながら煉炭のような筒型でなく、ボール状にまるめたのが豆《まめ》炭《たん》でして、これも掘りごたつや豆炭あんかに使われてました。

持運び自由な鉄板製の竈（資料12④）　これは枯枝、ボロ布、落葉、つまり燃えるものは何でも使えたので燃料費節約に役立つかまどでした。昭和50年代に三鷹か武蔵野の古い家で使っているのを見たことがありますが、羽釜がスッポリはめ込まれ、煙突がないので火の粉が飛ばないんですね。これなら街中でも庭があれば使えたのでしょう。今でも、「簡易かまど」などと呼ばれ、アウトドア用品、防災用品として売られてい

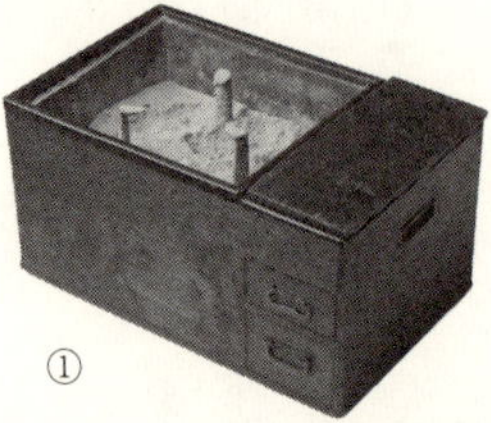

①

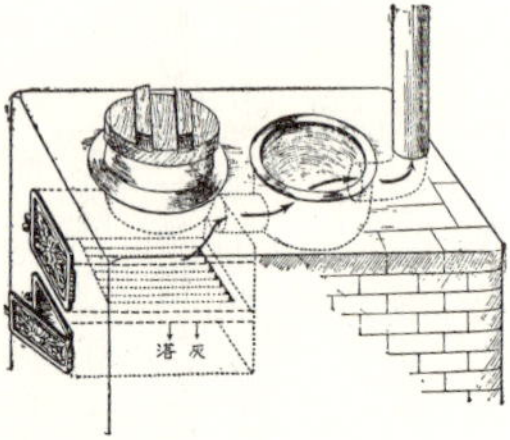

②

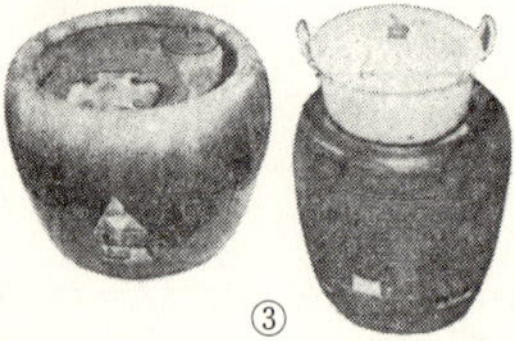

③

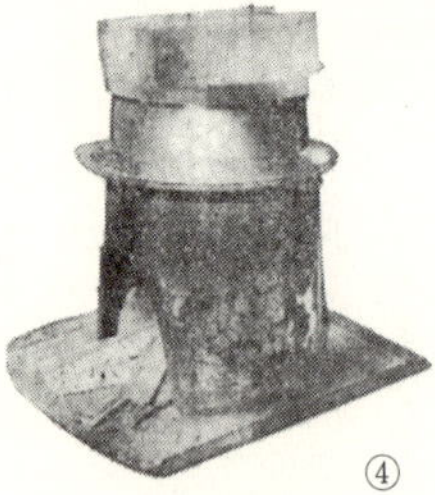

④

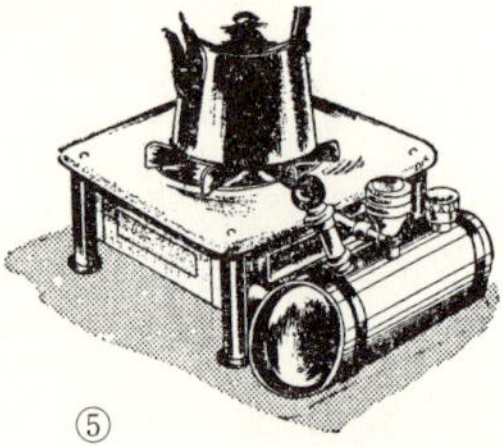

⑤

①**長火鉢**

②**余熱を利用する改良竈《かまど》**　薪《まき》でも，石炭でも，燃料が自由ですから，殊《こと》に地方向きにいい竈です．煉瓦《れんが》を積み，漆喰《しっくい》で固めた在来の竈ですが，一工夫したところは……余熱を利用するところです．それで前方の釜を炊《た》いた焔《ほのお》が更《さら》に後《うしろ》を通ってから外へ出てゆくので，そこで湯を沸したり煮物ができます．

③**煉炭焜炉《れんたんこんろ》**　煉炭は，炭火とは比べものにならぬほど，便利で経済です．……但し煉炭は燃えつきのわるいのと，使い始めにわるい臭《にお》いがするのが欠点で，急ぎの煮物などには，やや不便ですが，長く煮るような場合，スープをとるとか，シチューや，煮込物をする場合，殊に豆など煮るには，これに限ります．

④**持運び自由な鉄板製の竈**　別に，新工夫というものではありませんが，どこへでも持運びができるのが，何よりです．燃料は庭の枯木でも，落葉でも，藁《わら》でも炊《た》けますから，都会住いの瓦斯《ガス》や電気ばかり使っているお家庭《うち》でも，一つこれを備えておきますと，木片《きぎれ》や落葉の始末をするのにもいいし，一挙両得です．

⑤**ガソリン焜炉**　大変経済でもあり，危険もなく，瓦斯のない土地では重宝なものです．御飯も炊けますし，どんな料理にも使えます．持運びに便利であるばかりでなく，瓦斯と同じに，マッチ一本で火がつきます．

資料12　昭和10年頃に調理で用いられた熱源の例(①著者所蔵，②〜⑤図・解説文ともに「奥様百科宝典」より)

ます。

ガソリン焜炉（資料12⑤）　これはよく石油コンロと混同されがちなのですが、まったくの別ものです。石油コンロは最も原始的なのが石油ストーブと同じ構造で、布の芯が石油を吸い上げ、そこに火がつくというもの。だから炎もポワーンとともっているだけで火力は弱いんです。キャンプなどで使う石油コンロは、石油のタンクにポンプで空気を送り込み、圧力をかけて石油を気化させるので火口から気化した石油ガスがシューッと噴き出す。そこに火をつけるのだから火力も強く、ゴーッという音とともに炎が噴き上がる。ここに出ているのは、その石油コンロのガソリン版。ガソリンとなると石油以上の火力が得られるので、家庭用というよりは、都市ガスのない街の料理屋がよく使ったものです。

――と、なんで昭和31年生まれが知っているのか？　ボクの実家は都市ガスのなかった頃から北九州で料理屋をやってたから（大正7年創業）、昭和40年頃までこれを使っておったのです。火力が弱まるとポンプをポコポコ押して空気を送り込まなきゃならんし、火口は金属ブラシでススを落とさにゃならんし、圧力タンクの溶接がよくはがれたりして、けっこう手のかかるコンロだったのです。

百花繚乱、調理器具

文化生活を支える調理器具いろいろ（資料13）　昭和10年頃の婦人雑誌は、料理のレシピを紹介するとともに、調理道具の通販なんぞもやっておりました。ここに紹介しているのは、そのカタログの一部。これぞまさに文化的お台所道具でございます。ガスのコックをひねれば、パッと火がつくガス・パッ・チョ、昭和10年代のあこがれ道具カタログですね。ローストビーフやビスケット、アップルパイなどをおうちで焼ける天火《てんぴ》など、きっとあこがれだったのでしょう。このような台所文化道具を通信販売で津々浦々まで行きとどかせた婦人雑誌の力は、日本の食生活に大きな影響を与えたのでした。

ジンギスカン鍋（資料14①）　ジンギスカン鍋の歴史もけっこう古い。今でこそ北海道を代表する郷土料理といわれているが、長野や東北の一部で戦前から食べられてきてもいたんです。地方によっては、羊、ヤギ、鶏などの肉で、おめでたいときの「ごちそう」、行事食としてジンギスカンをやっておったくらいですから、これはけっこ

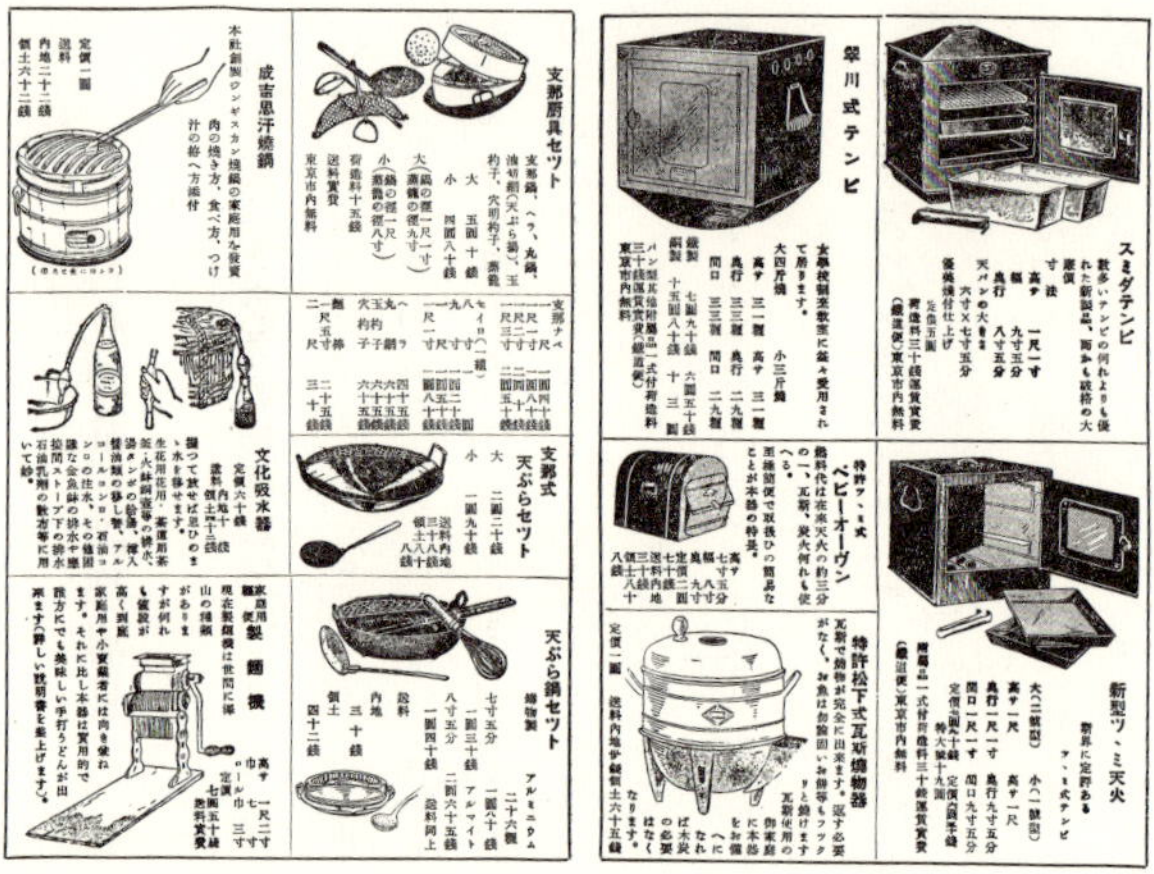

資料13　文化生活を支える調理器具いろいろ(昭和12年『料理の友』4月号掲載「料理の友社代理部案内　割烹用品の指針」より)

うハイカラな料理だったんですなあ。

石綿《いしわた》鍋（資料14②）石綿で作った鍋なんて、今だったらありえない。でも、そんなことって多いんですね。昨年まで、衛生的で軽いといわれていたアルミが、今年になったら、もしやアルツハイマーと関係あるかも……なんてこと、栄養、健康の分野ではよくある話ですね。

圧力鍋（資料14③）いたって簡便な圧力鍋と、いかめしいメーター付きのものが紹介されております。なにやら蒸気が噴き出したり、ふたがふっ飛んだりしそうで、コワイ。

ここに載せたガス器具、炭、石油

1 普通型
2 壓力計付

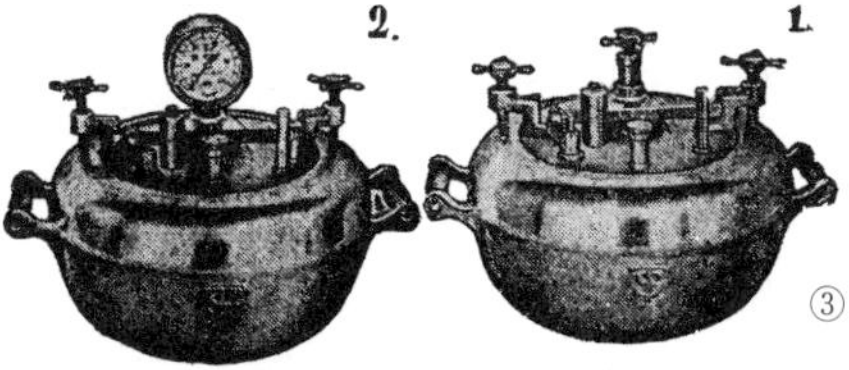

①**ジンギスカン鍋**　肉がとても美味しく焼ける鍋です．焼肉から出る汁が，溝を伝わって周囲《まわり》の縁《ふち》の窪《くぼ》みに溜《たま》まるので，火の上に落ちるということがありません．

②**石綿《いしわた》鍋**　石綿で作った鍋で，直接水気のものは入れられませんが，蒸物とか，焼物とかなら，ふっくりと美味しくできます．殊《こと》に番茶を焙《ほう》じるというようなときは，石綿が一番火あたりがよろしいです．

③**清水式栄養鍋**(著者注：圧力鍋)　煮物は圧力を高くする程「おいしく」「早く」「容易」に炊けるものであることは，皆様御承知のことと存じます．この原理を応用して考案されたのが，この清水式栄養鍋で，別名を高圧鍋といっています．

資料 14　昭和 10 年頃に用いられていた，ちょっと面白い調理器具(図・解説文ともに，①②「奥様百科宝典」，③昭和 8 年『婦女界』1 月号附録「お正月の料理集」より)

ガソリン器具、そして数々の文化台所用具を私は1980年代に一度は手にしております。というのも当時、自由が丘、田園調布を商圏として古道具屋をやっておりましたから、お金持ちのお屋敷の取り壊しによく立ち会ってました。戦前からのお金持ち宅ですから、物置の中には、ここにあるようなオーブンやらコンロやらがごろごろしてましたわ。戦前のパン焼き器、鉄かぶとで作った鍋、ゼンマイ式ハエ取り機などなど……。

これらの台所道具を80年代に追体験的に試してみましたので、冷蔵庫すら家庭になかった昭和10年頃の人が、これらの台所道具にどれほど胸をおどらせたか、わかる気がするのです。そして、都市ガスの普及によって割烹料理が家庭の主婦料理となり、それが今日の日本人の食生活の原点となったんだということが、道具からも実感されます。

分岐点だった昭和初期

先ほども見たとおり、割烹料理→職人料理→男の仕事→経験と勘どころ、これがいわゆる和食の世界でした。四条流の包丁さばきや茶懐石《ちゃかいせき》を頂点と考えておったのでしょう。それがガスコンロや便利なかまど、鍋釜などの道具の出現によって、それまでごはんと味噌汁と漬物の領域にとどまっていた主婦料理が、おうちでできるモダン料理という世界を切り開いた。一汁一菜しか作れないと思われていた女性が、ハイカラな西洋料理、コッテリこくのある中華料理などまでおうちでバンバン作れるようになったんです。

明治維新・文明開化で日本の食生活が変わった……といっても、それはごく一部の金持ちさんやインテリさんのことで、長屋の熊さん八つぁんあたりは相変わらずごはんに味噌汁、たくわんにせいぜいメザシという食生活が続いておったようです。そりゃ精養軒のような洋食の店もありはしましたが、一般庶民の食生活からは遠い世界のできごとでしかなかったのです。

そんな江戸時代をひきついだ食生活に変化が出てくるのが、日清・日露の戦争の後からです。かつて250年以上も鎖国してた日本人が中国に出ていって、異なった食生活を知る。しかもその頃の中国は欧米・露に侵略されていたから、そこはまさに料理万国博みたいなもんでした。

そんな全世界のさまざまな料理を大陸帰りの人が紹介するし、中国の料理人が中華鍋を背負って日本に働きに来たりするもんだから、日本人にとっては新たな食文化が展開されていったんです。そして1章でとりあげたように、大陸の変わった品種の野菜や西洋野菜の種子も移入されはじめた。

そして、日清・日露後、流れ込んできた新しい食材、食習慣をうけとめたのがガスコンロなどの新たな熱源と使いやすい鍋釜であり、それらを家庭レベルで使いこなすために、さらに便利な台所道具がいろいろとあったのです。

料理が勘から数値化へ

割烹の時代の料理本では、調味料の分量も「塩ひとつまみ」とか「みりん適宜」などと表現されていた。私の実家の料理屋でも祖父は最後までそうだったし、父も私もやはり勘と経験で料理をしております。何度も言うように、職人的料理の世界は勘と経験の世界であり、教えるのではなく味を盗むものでした。

しかし家庭の台所に、はかりや計量さじなどが入ってきたことで、料理の味の再現

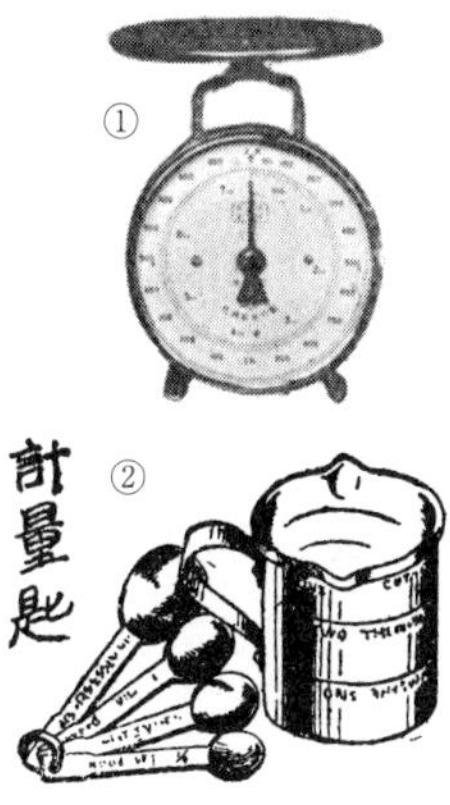

①**台所用秤《はかり》** 台所には是非一つ秤を欲しいものです．……野菜でも肉でも，買ったものはまず一応秤にかけてみることが必要です．計るには，上部の皿の上に載せさえすればいいので，どんなものでも簡単に目方を計ることができます．台所に秤があるとないとでは，家庭経済に大きく影響します．

②**計量コップと計量匙《さじ》** お菓子を作る場合どうしても目分量というわけにゆかぬものです．計量コップと匙が，大変標準になっていますから，一つ備えておくといろいろ重宝します．

資料 15 計量用台所用具(図・解説文ともに「奥様百科宝典」より)

は盗まなくてもできる世界に変わったんですね(資料15)。白だし2カップに塩小さじ1、醤油大さじ1とみりん小さじ2を鍋に入れて煮汁とし……。これだけで職人が何年もかかって盗んだ味に近づけるんですもん、楽になりますわ。

とくに未知なる洋食なんざ、盗めっつったって、あまりに違いすぎていてムズカシイ。そんなところに計量用具が出現したんですねえ。ついでに言うと、戦後は料理用温度計、キッチンタイマーが加わってくるのでますます料理が楽になるのです。

計量器具が台所に入ってきたことで

料理人は勘を働かせたり、味を盗む力を失ったと嘆くむきもありましょうが、昭和10年頃、このあたりから料理は勘料理からデータ料理になってゆくのです。勘と熱血でやってた初期プロ野球が、データ重視のデータ野球主流になったようなもんですね。

大衆的中華食の幕開け

家庭の主婦向け料理本に、丸太を輪切りにした**中華まな板**を載せるだろうか？（資料16）この手の本をとんでもなくたくさん持ってる私でもあまり知らない。はたしてあの時代にこの本を見て、「ア〜ラ、お便利さうだこと、宅《たく》もひとつ買《か》ひませう」と買った人がいたんだろうか？　こんなまな板は、中華料理屋や沖縄公設市場内の肉屋、はたまた金持ちの料理道楽人以外、私は見たことがない。

しかし当時の説明文にあるとおり、たしかに肉を叩くのには適しております。中華包丁でまな板には切れ目が縦横に入っているので、肉を叩いていると肉の筋はその包丁目に入るんですな。それは認めるが、洗うのが一苦労でもあります。タワシ、塩、石けんでとことん洗わなきゃ雑菌の温床になりますわな。

使いよい支那の俎《まないた》　これは支那の俎で，松の木を七八寸くらいの厚みに胴切《どうぎり》にしただけのものです．扱い上は便利とは申されませんが，ご覧の通り木が厚いですから，何を切ってもよく切れます．叩き肉なども，これがあれば肉挽器《にくひきき》の必要はないくらいです．音が高くたちませんし，筋は木目の間に残って，肉ばかりになりますから，美味しく食べられます．使用後は，庖丁でこそげると，きれいに掃除できますから，あとを濡布巾《ぬれぶきん》でよく拭いておきます．

資料 16　使いよい(？)中華まな板(図・解説文ともに「奥様百科宝典」より)

だが、あまり一般家庭向きとも思えんそんな中華のまな板が、主婦向けの料理本にとりあげられていたということは、当時それだけ中華料理に対する関心が高かったからではなかろーか？

日清戦争後の下関条約で日本が台湾を日本領としたのが明治28年。これで中華料理との距離が近くなりますね、日露戦争後の韓国併合が明治43年で、この頃には日本は中国国内にかなり勢力を広げ、とくに華北の利権を手にしたもんだから鉄鉱石を日本に運び、官営八幡製鉄をフル稼働させるんですね。と同時に、当時世界第一の生産を誇っていた満州大豆を元にして、食用油を安く大量に供給できるようになった。

このような社会情勢があって、もともと料理に油をあまり使ってなかった日本人も、油で揚げたり炒《いた》めると、たんぱくな野菜もコッテリこくのある味に仕上げられるということを体験し、日本中に中華料理が広まったのだと思われるのです。

和食は素材の味をひき出しつつ、昆布や鰹節《かつおぶし》のだし＝旨味《うまみ》と調和させるのをよしとしてきましたが、中華料理は干した魚介、野菜などから濃厚な味をひき出し、肉や魚を油で揚げて旨味をとじ込めるといった「旨味の大集合」的な要素があるから、旨味好きの日本人にはうけたんじゃなかろうか。

一般の家庭でおよそ購入しそうもない中華まな板をわざわざ料理本で紹介してるってことは、この頃が日本人にとって大衆的中華食の幕開けの時代だったってことなんでしょぉね。

非電化エコな道具類

ここで紹介されてる鋳物《いもの》の**ひき肉器**（資料17①）、うちにもありまして、常時使っておるのです。まずひき肉に関していうと、ひき肉器でえっちらおっちらひいた肉は、肉らしい味や風味がする。工場でひき肉を作るときは電動高速チョッパーを使うため、ひき肉に空気が混じるのと、肉の温度が上がるので、どーも味がたよりなくなる。やっぱり手回しの二度びきがウマイです。魚のすり身を作るときもまずこれでひいてからすり鉢でするると、なめらかでくさみが少ないすり身に仕上がるのです。

食米の精米も高速より低速のほうが旨いし、いい酒を造るには精米に2日くらいかける低速精米が必要だといわれております。うちは電動フードプロセッサーを持ってないから、いまだに鋳物のハンドルをエッチラオッチラ回しておるのですが、もしかしたらえらくゼータクな旨いモンを食べてるのかもしれんです。ただし、コーヒー豆はかなり荒びきにしかひけません。うちでは大豆をひいて呉汁《ごじる》に使ってますが、呉汁程度なら使えるのです。

マヨナイザー（資料17③）というのも、同じものを20年前まで持っており、何度も使ったもんです。下のガラス容器に卵の黄身、マスタード、酢を入れ、上のハンドルを回すと容器内の攪拌《かくはん》ヘラが回る。均一になったところで上部右側に見える漏斗《じょうご》にサラダ油を入れ、ハンドルを回しながら漏斗下部のコックをひねるとサラダ油がポタポタ、ゆっくり落ちはじめる。漏斗内の油がなくなるまでハンドルをゆるゆる回していれば、油、卵、酢が分離することなく、みごとに乳化したマヨネーズができるのです。

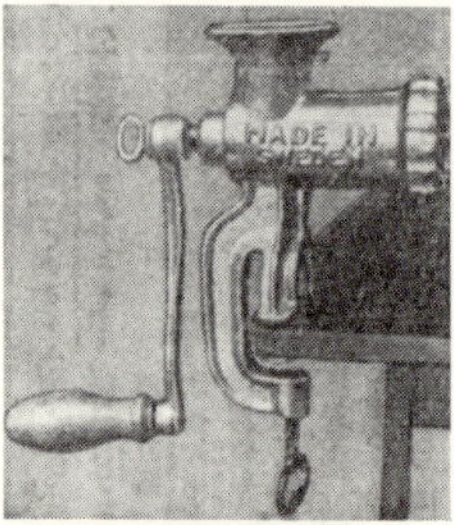

①

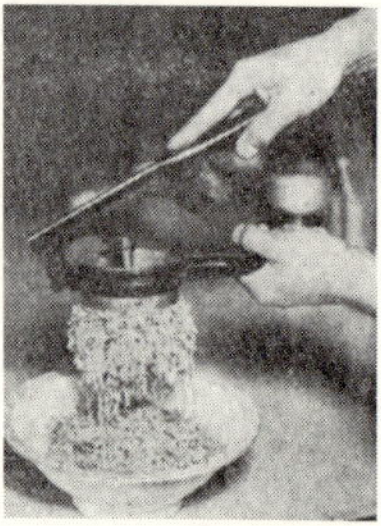

②

③

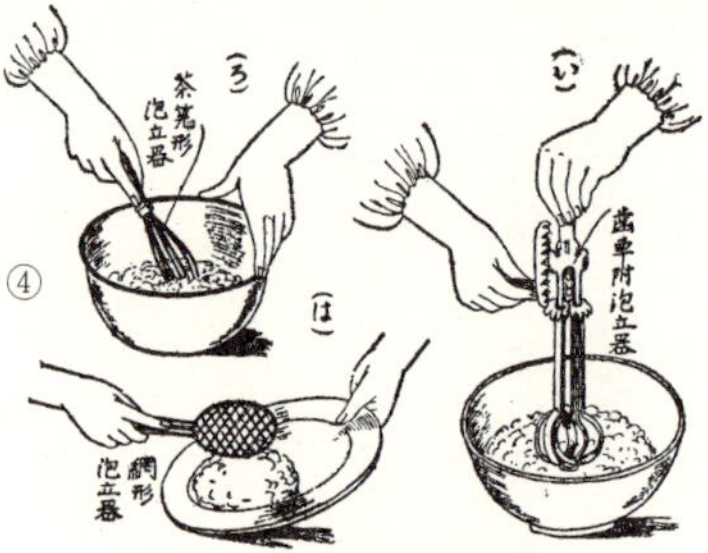

④

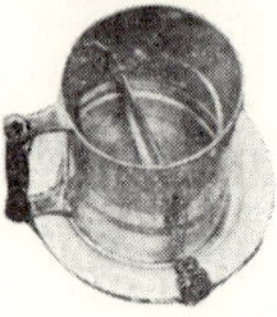

⑤

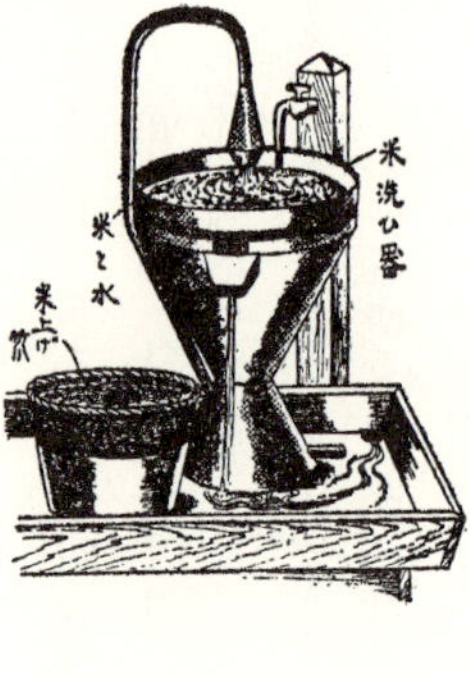

⑥

①**肉挽器《にくひきき》兼粉砕器**　これはどうしても一つ家庭に備えておきたいものです．挽肉の他に，魚の骨でも何でも挽けますし，歯を替えれば，穀類を粉に挽くこともでき，またコーヒーも挽かれますから，これがあると，香りのいい，挽立てのコーヒーが，いつも頂かれるわけです．

②**ポテトマッシャー**(馬鈴薯《じゃがいも》の圧出《おしだ》し器《き》)　馬鈴薯でも甘藷《さつまいも》でも，軟かく茹でてから，これに入れて圧し出しますと……きれいな糸になって出てきます．洋食の附合せにしてよく，牛乳や砂糖をかけてお八《や》つにしても結構です．子供さんのある御家庭には，重宝なものでしょう．

③**マヨナイザー**　マヨネーズ・ソースを作る便利な道具です．卵黄《きみ》と調味料を下の硝子《ガラス》器の中に入れ，油を漏斗《じょうご》の口から入れて把手《ハンドル》を廻すと，たちまち美味しいマヨネーズが出来上ります．しかも絶対に仕損じがないというのが，この器械の特長です．

④**泡立器《あわだてき》**　(い)は歯車附泡立器です．……電気泡立器を，手廻しにしただけの相違です．(ろ)は，茶筅《ちゃせん》形泡立器．これは前のよりずっと簡単なものです．沢山《たくさん》のときには少し手が疲れますが，玉子を，かき廻すというより，打つというつもりで扱うと，早く泡立ちます．(は)は網形泡立器．少しの材料のときでも工合よくできますから，家庭向に一番便利です．使うには，(は)図のように持って，玉子を打つようにすると，早く泡立ちます．

⑤**粉篩《こなぶるい》**　粉は一度篩《ふるい》にかけてから用いたいものです．殊《こと》にベーキングパウダーを使うときは，粉と混ぜたら二三度篩にかけると，万遍《まんべん》なく混ってよろしいです．篩は，粉を中に入れて把手を廻すだけですから，外へ粉の飛ぶこともなく，まことに便利です．

⑥**米洗い器**　米洗器は水圧を利用して洗うので，米を砕《くだ》かず，手を濡さずに洗い上がるという，寒さに向って，殊に重宝なものです．笊《ざる》にとるときに，下の把手をちょっと動かすと，初めて水と一緒に，米が流れ出てくるのですから，一粒のこぼれもなくて，とても経済です．ただ水道か，井戸ならタンク装置のあるところでなくては，利用できないのが不便ですが──

資料 17　さまざまな非電化台所用品(図・解説文ともに「奥様百科宝典」より)

これで作ったマヨネーズと、電動フードプロセッサーで作ったものとを食べ比べると、やはり手回しのほうがまろやかで旨い。電動は攪拌ヘラの回転が速すぎていけない。もしフードプロセッサーでまろやかに作りたければ、モーターの電源にコントローラー(電流をおさえてモーターの回転を遅くするもの)を入れてゆっくり回るようにすればよろしい。

他にもいろいろありますね、非電化台所用品が。**ポテトマッシャー**(資料17②)や、**泡立て器**(資料17④)、**粉ふるい**(資料17⑤)は今日のものとほぼ同じですね。ブキミなのは**米洗い器**(資料17⑥)。たしかに冬の米研ぎはつべたかろう。しかし水道の水圧でやるとは……今日の節水運動から見ると、イカンですね。

ここでとりあげた非電化台所用具全体を見ると、

- 難しい料理をやさしくした。勘からデータへ。
- 新しい食習慣を家庭に持ち込んだ。
- 技術や労力を必要としてたマヨネーズやひき肉をたやすくした。

などが挙げられますね。今日であれば必ずといっていいほど電力が介在するのだが、昭和10年頃はほとんど道具と人力でまかなっていたんですね。環境にや、さ、し、い、電気器具に囲まれた今日の、ロハスとかいう生活スタイルより、はるかにすがすがしく感じてしまうのです。

4章　検証！　卓袱台のヒミツ

どこで、どう食べる？

食事をするにはお膳なりテーブルなりを囲み、料理をその上に並べるのが文明社会のやること。原始時代は集めた木の実や魚を地べたにおき、座り込んで食べてたんでしょうが、そのうち特定の石の上や葉、木の板などに並べるようになったのでしょう。我が国では折敷《おしき》とか木具《きぐ》などという木の道具が使われていましたが、そのうち木の板に脚をつけた膳が用いられるようになったらしい。もともと「膳」って「料理献立のととのったよい食事」を意味していたそうだが、それが食品や食器をのせる盤台《ばんだい》そのものを意味するようになったと、民俗学者の宮本馨太郎氏は書いておられる（『めし・みそ・はし・わん』岩崎美術社）。

この食事をのせる膳というもの、日本ではもっぱら一人ひとりのものでありました。「アナタのごはんはこの膳にのってるものですよ」と言っているようなものですね。このような1人ずつのお膳文化が、日本では明治の中期に卓袱台《ちゃぶだい》が登場するまで続いていたようです。卓袱台出現後も、商家の使用人たちの食事では、小さな1人用の膳が戦前まではよく使われておったのです。日本の庶民の住む家は狭かったので、大きなテーブルは使い勝手がよろしくない。そこで考案されたのが、脚をたためる卓袱台だったのです。

今日でもよく「なつかしー♡」と言われる卓袱台は丸い形のものが多いのですが、あれはたぶん長崎のしっぽく料理や中華料理のテーブルの影響ではないでしょか。畳の上に座って食事をするのにちょうど食べやすい高さで、使い終えたら脚をたたんで壁ぎわに立てかければ、布団を敷くときもじゃまにならない。いかにも日本の住宅事情のためにあるといった卓袱台は、大正から昭和にかけて全国的に流行したそうだ。

卓袱台が家庭に普及したことで、それまで一人ひとりに盛りつけていた料理を、ひとつの器に盛って皆で食べるという食べ方が始まります。個人用の膳が、皆で囲む卓袱台へと変わってゆくのは、食事の質や内容から必要に迫られてのことではなく、住宅事情や器の大きさ、個数などによるものではないか？　と思い、いろいろな食事用の膳の広さを比較してみました。

膳と卓袱台

まずは日本の伝統的な1人ずつのお膳です。

資料18のお膳①の寸法が、30×30センチで高さが6センチ、面積は900平方センチ。お膳②は35×35センチで高さが23センチ、面積は1225平方センチ。そして③は昭和10年頃によく使われていた4人用の卓袱台で、直径63センチ、高さ23センチで、膳の面積は3116平方センチ。一応4人用ということなので、1人あたりの広さは779平方センチってことになります。

直径63センチの卓袱台も4人で使うとなると、1人あたりのスペースはお膳よりも狭いんですね。仮に、ごはん・汁・おかず・茶の4点セットを並べようとすると、窮屈でしかたがない(資料19①②)。しかし卓袱台を4人で囲むことで、1人ずつのお皿をひとつのお皿にまとめることができて、結果的にスペースのゆとりが生じるのです

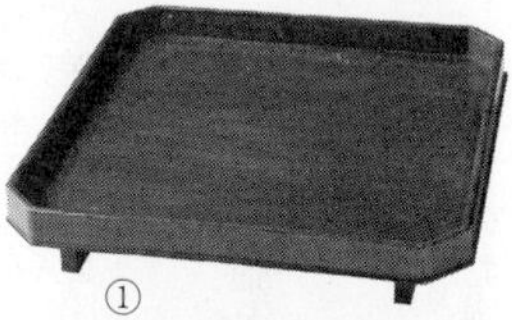
①

②

③

①お膳(小)
②お膳(大)
③卓袱台

資料 18　お膳と卓袱台(著者所蔵)

①
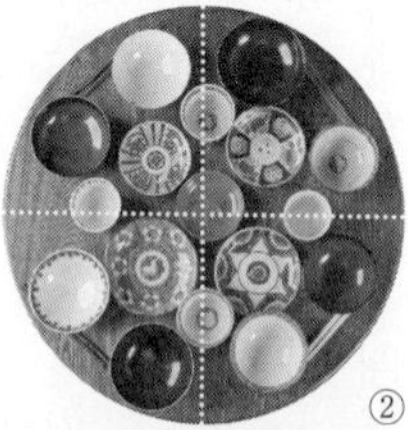
②
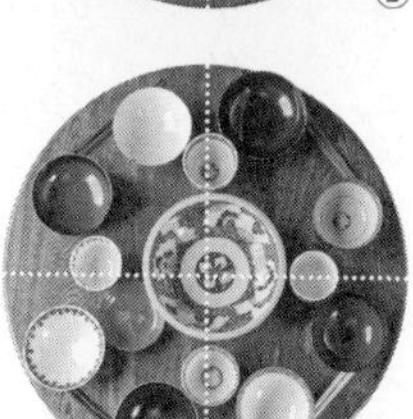
③

①ごはん茶碗，汁椀，おかず用なます皿，湯のみ茶碗，漬物等用の小皿で膳はいっぱいになる．
②①と同様の食器類を卓袱台に並べると，1人あたりは膳より狭い．
③大皿を用いて卓袱台に配膳すると，1人あたりがぐっと広くなる．

資料 19　お膳と卓袱台への配膳例

（資料19③）。

また使用する器も減るから洗いものも楽だし、そもそも器を多く買わなくてすむ。水道が完備されていない、井戸端で器を洗っていた時代においては、食器洗いも、それなりにたいへんだったようだ。卓袱台の出現は、それまで一人ひとりが膳と向き合っていたのが、皆で膳を囲み食べものを分け合う＝シェアする食習慣を生み出し、また家事労働を軽減させたのでした。とすると、食卓を囲んで食事を楽しむという食習慣は、日本人にとってまだ100年そこそこのものと思ってもいいのかもしれない。

卓袱台の低さにもワケがある

膳や卓袱台の使い勝手はいかがなものか？

テーブルとイスで食事をすることが多くなった現代人にしてみると、膳や卓袱台は食べづらいものです。卓袱台でなく普通の座卓ならば、畳から天板まで30〜33センチくらいあります。電気ごたつの高さと思ってください。しかし、資料18のお膳①は6センチ、お膳②は23センチ、③の卓袱台も23センチだから、電気ごたつや座卓より約

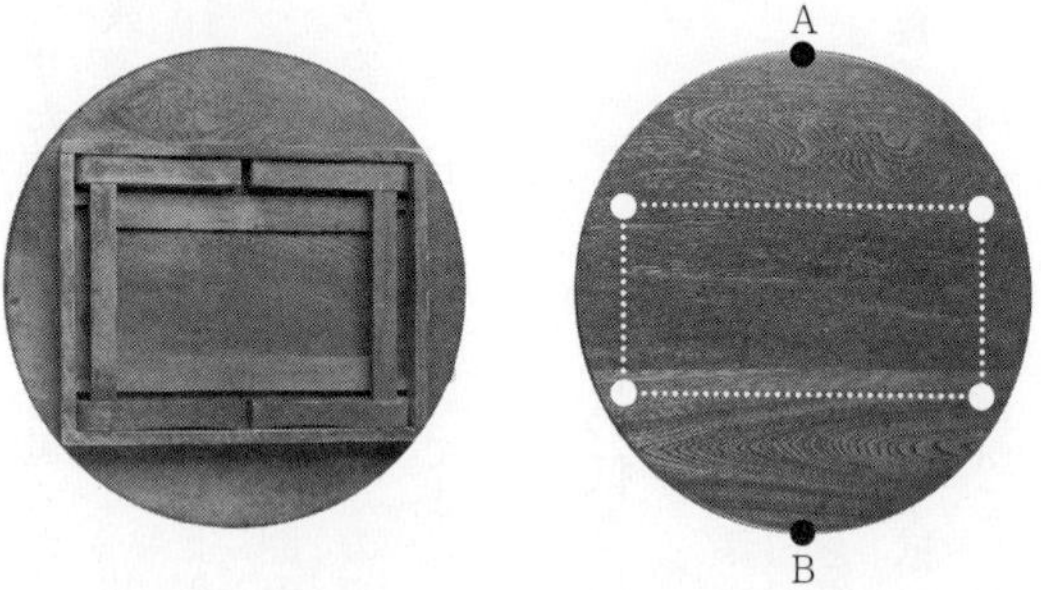

①卓袱台の裏面　②卓袱台表面から見た，脚と縁の距離

資料20　卓袱台の構造

10センチも低いんですね。一度、本か箱かでその高さの膳を再現してみましょう。

高さ6センチの膳というと、あぐらをかいて酒でも呑むならまだしも、食事となるとなかなかつらい。正座して食べるとなるとこれまたつらい。とてもじゃないが一家団欒《だんらん》……とはいきません。卓袱台とて天板まで23センチだから、あぐらをかいても、下にひざを入れるのもむずかしいくらいに低い。もう少し脚を高くすりゃいいのに……と思うのが現代人なんだろうが、卓袱台の構造上「脚の高さは天板の大きさに支配される」という、卓袱台脚高の法則というものがあるのです。

卓袱台は脚がおりたたみ式なので、たたむと資料20①のようになる。天板の広さの範囲で脚を収納する必要から、脚の高さは天板が小さけりゃ低くならざるをえない。うちに脚が30センチの卓袱台がありますが、この直径は1メートルを超えておるのです。

これが卓袱台の弱点でして、このため安定性に欠ける。卓袱台を使っているとき、脚の位置は○印の所となる(資料20②)。天板を支えている支点をむすぶ線を点線で表してみますと、このようになるんですね。この点線から天板のはじっこであるA点まではかなり離れております。もしA点を上から押さえたらテコの原理で天板はA点側に傾き、B点が跳ね上がる。当然天板上のごはんはひっくり返ってしまうのです。だから食事のときにひじをつくのはお行儀悪いと言われ……たのかどうかは知らんが、それどころか、ひっくり返ってえらいことになってしまう。卓袱台がよくひっくり返ってた理由はこの脚にあるのであって、「巨人の星」の星一徹さんのせいではないのです。

ごはん茶碗の大きさと献立

現在、うちで使ってる食卓テーブルの大きさは182×66センチとかなりでかい。

最近の日本の食卓は、1人あたり昭和10年頃の2倍以上の広さがあるでしょう。しかし800〜1000平方センチしかなかった頃は、その狭さに器や献立も左右されておったのではなかろうか？ そう思って、その当時の一般庶民が使っていた茶碗、吸物椀、湯飲み茶碗の大きさを調べてみたのです。

資料21の①が昭和初期に作られたごはん茶碗でして、古道具屋時代に古い民家で話を伺って買ったもの。②と③は戦後、昭和30年代の子ども用と大人用。「まぼろし探偵」の絵柄で時代がわかりましょう。④が現在のもの。これらの直径を測ると、①が103ミリ、②の子ども用が108ミリ、③の大人用が120ミリ、現代の④が120ミリでした。

昭和初期の大人用茶碗が、戦後の子ども用より直径が小さい。吸物椀も昭和初期のものの直径が103ミリに対し、戦後の椀は135ミリでした。うちにストックしてある10種類くらいからとった平均的な数値なのでもちろん正確なデータではないが、昭和初期以前の「個人用器」は今日のものよりだいたい小ぶりです。

宴席用の皿などは大きなものがいくらでもありましたが、家庭の個人用となるとおしなべて小さいというのは、やはり膳の面積によるものと考えていいのではないかと

資料21　昭和のごはん茶碗いろいろ(著者所蔵)

資料22　食器の例とおひつ(著者所蔵)

思うのです。

　では昭和初期の日本人が現代人より小食だったのか、というとそうではない。膳にのるおかず用の角皿(資料22①)は11×15センチ、まるいなます皿(資料22②)は直径が13センチです。まあおかずは少ないといえますが、おひつを見てくださいまし(資料22③)。5合以上は楽に入る大きさです。このおひつは親子4人で使ってたものだそうだから、ごはんの食べる量はスゴかったんですなあ。お膳、卓袱台、器などの大きさから推測すると、昭和10年頃の日本人って一品か二品の少量のおかずと、たくさんのごはんを小さな器で食べてたんではないかと思えるのです。

弁当箱にみるバランス食

資料23①は一般的な曲げワッパ弁当箱でして、長径21×短径15センチで深さ4センチ。斜めに仕切られた部分がおかずで広いほうがごはんです。

②は1人用のちょっとおしゃれな行楽《こうらく》おかもちです。一番下の深いのがごはんで、上2つがおかずらしい。行楽用らしく、ごはんの量とおかずの総量がほぼ同じ。

③も、下の深いのがごはんで、その上一段と小さい二段がおかずになってるから、こちらもごはんとおかずが1対1ですが、これは2人用らしく量も多いしサイコロ型の酒容器(④参照)もついておる。たぶん花見なんぞに行ったんでしょうなあ。

しかしだ、行楽用、つまりハレの日ですら主食と副食の量が1対1なんですね。今日の幕の内なんざ、主食の3倍以上のスペースを副食がしめております。コンビニ弁当ですら主食より副食が多いんですなあ。

①曲げワッパ弁当箱

②行楽おかもち(1)

③行楽おかもち(2)

④行楽おかもち(2)の中身

資料 23　昭和の弁当箱いろいろ(著者所蔵)

この章では昭和10年代に使われていた食卓用具から当時の食事内容を推測してみましたが、今日の食と比べてかなり素朴な食事であったようですね。これじゃメタボリックシンドロームにゃなれそうもない。

5章　冷蔵庫いらずの保存の知恵

冷蔵庫はあったけど

冷蔵庫の歴史をたどってみると、明治時代にはすでに氷式冷蔵庫がありました。もっと遡っていうと、江戸時代にも山の洞穴に氷を貯蔵しておく、いわゆる氷室《ひむろ》という天然の冷蔵庫があったのです。

関東大震災後に氷式冷蔵庫の生産は急増するものの、その大半は魚屋、肉屋、料理屋などのための業務用が中心でして、家庭用のものはまだまだ高級品でありました。というのも、当時の冷蔵庫は電化製品ではなく、「高級木製家具」だったんですね。なにせ使ってる木材がスゴイ。タモ、ナラ、ヒノキなどを使用しておりましたから材料だけでも超高級だし、それを家具職人が切って削って組み上げていたんですな。

そんな高級家具の冷蔵庫も、氷を入れるスペースが全体の約3分の1でして、小型の家庭用では食品の入るスペースが30×30×40センチくらいだったから、冷蔵保存できるスペースなんて微々たるものだった。しかも庫内温度は下がって15度くらい。今日の冷蔵庫の概念で見てはイカン、まったく別ものであったのです。

冷蔵庫が仮にあったとしてもしょせんその程度ですから、昭和10年頃の人びとは食品の保存に関してはさまざまな工夫をこらしておったのです。昭和5年刊の『実用科学　朝日家庭叢書　食の巻』(朝日新聞社)を眺めてみると、さまざまな食品貯蔵法が紹介されています。

乾燥法　食品中の水分を減じて、微生物の発育を阻止し或《あるい》は之《これ》を死滅させるのである。

そしてその方法として、

自然乾燥即ち自然熱を利用するもの、加熱乾燥即ち人工熱を利用するもの、減圧乾燥即ち減圧を使用するもの、アドソール乾燥即ちアドソールを使用するもの、が挙げられています。天日にさらすか、熱風を送るか、自然低温でやるか、薬品でやるか、ということですね。鰹節《かつおぶし》、スルメ、魚類干物、シイタケなどが、乾燥法による貯蔵にあたります。

　さらなる貯蔵法の例は、以下のとおり。

漬物法　食品を塩漬、砂糖漬、粕漬、味噌漬其《そ》の他種々な漬物として保存する方法……塩蔵したものを乾燥すれば、更によく防腐効果がある。

この、塩蔵してから乾燥させる代表例は、燻製《くんせい》です。

また、

缶詰法　加熱により現存する細菌を殺し、次に排気によって細菌の発育に必要なる空気特に酸素の供給の途《みち》を絶つのであるから、理論上は腐敗の起る筈《はず》はないのであるが、市井《しせい》で販売の缶詰中には殺菌方法の不完全のため腐敗するものが少くない。

薬品による方法　適当なる科学的保存液に浸漬《しんし》するか、或《あるい》は微生物に対して有毒作用をなす防腐剤を施して、其《そ》の発育を阻止するのである。

とあります。薬品による方法は、「此等《これら》の多くは、人体にも又害をなすもの」とも記されている。

　しかし、この本にはこれらの食品貯蔵法に先駆けて、最も注目すべき方法として

「冷蔵庫」という項がもうけてあるのです。

冷蔵庫　一般に低温度にあっては、化学変化の速度が極めて遅鈍《ちどん》であって此《こ》れは食品における微生物の分解作用でも同様である。即ち、食品を低温度に保存すると、之《これ》が変敗の原因である微生物の発育を著しく阻止するのである。然《しか》し、全然微生物の生命を断って了《しま》うわけではなく、微生物の芽胞《がほう》の発芽を抑制して長く睡眠状態におくのであるから、低温度から普通の温度に復《ふく》せば、微生物は又勢《いきおい》を得て盛んに発育を続けるのである。しかも、其《そ》の発育は冷蔵前に比して著しく旺盛であって、即ち変敗が速かである。故に、冷蔵物は一度低温度から取出した時は可及的速かに処分することが必要である。

低温にすれば、バイ菌の働きも鈍るけれど、死んだワケじゃないのよ。冬眠してるようなもんだから、常温に戻し(冷蔵庫から出し)たとたんに、今までハラが減ってたぶんガオーッと貪婪《どんらん》な食欲でバイ菌が食べまくりだすから、傷《いた》みかたも早くなっちゃうの。だから冷蔵庫から出したら、テキパキ調理しちゃって、食べちゃいましょう、ということだそうだ。

昭和5年には電気冷蔵庫の国産1号が作られています。それ以前からアメリカGE

社製の電気冷蔵庫の輸入も始まっておりました。昭和13年刊の『台所浴室及便所設備』(増山新平著、大洋社)という本では、氷冷蔵庫と電気冷蔵庫の違いが、緻密に比較されています(資料24)。この本によると、電気式のものにはもうすでに製氷盆までついておる。氷式とは雲泥の差というものでしょう。価格もエライ差ですネ。内容量は別として、全体の背たけだけで比べると、氷式2・2尺のもの、つまり高さ約65センチくらいのものが22円、高さ63センチの電気式は900〜1060円くらいです。

昭和10年の巡査の初任給が45円くらいだから、電気冷蔵庫は最も安いものでも月給の20カ月分はしておったのです。まさに高額商品でして、庶民レベルではない。庶民はせいぜい小型の氷式が限界だったのです。その氷式の冷蔵庫も、取り扱いは実にていねいなものでした。

1章の乾物のところで紹介した「家庭西洋料理全集」には「冷蔵庫の使い方」の項もあり、それを見ると、冷蔵庫を「秋口に仕舞《しま》う際は」と書いてあります(資料25)。つまり、年中無休で冷蔵庫は稼働していたわけじゃない。冬場には氷を入れていなかった。だって、庫内は15度くらいにしか下がらんのだから、冬は庫外=室温のほうが低いんです。もちろん氷の必要はありませんな。暖房をほとんど使わない私のウチで

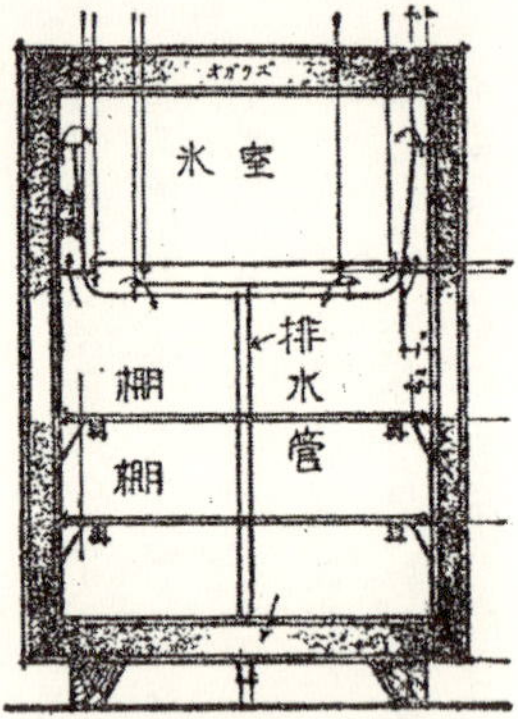

旧式冷蔵庫断面図

第二百二圖

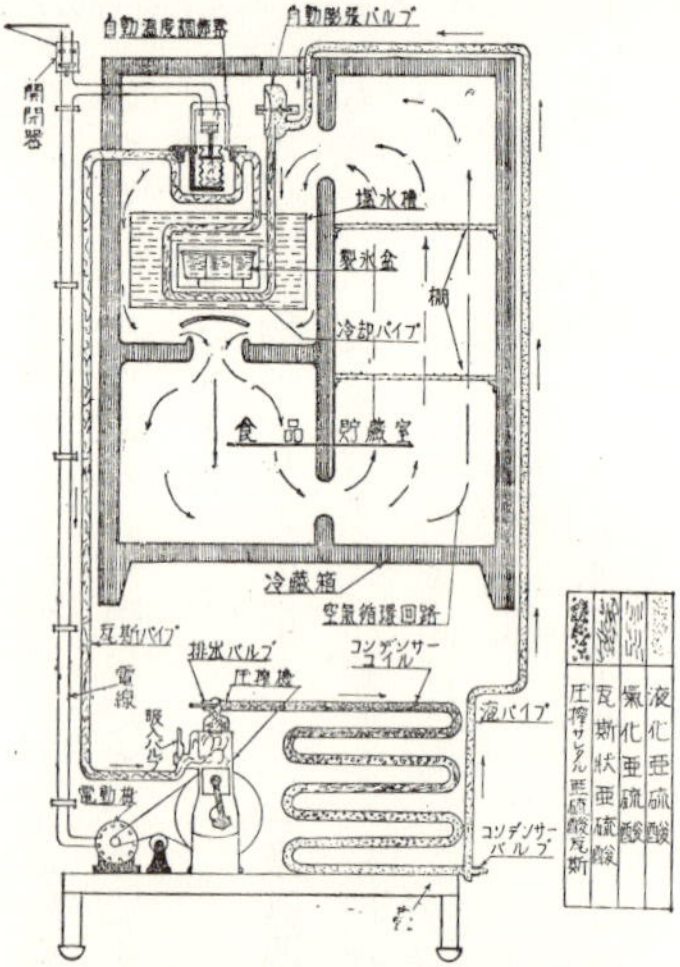

第二百四圖　ケルビネーター自動氣氣冷藏器

第二百三圖　塩田式冷藏庫

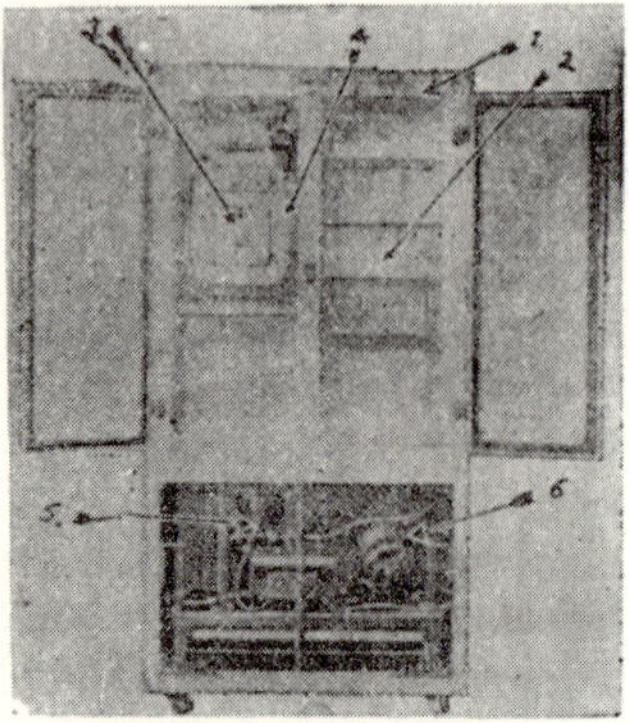

第二百五圖　フリッヂエアー冷藏器

資料 24 『台所浴室及便所設備』に掲載された氷冷蔵庫(左)と電気冷蔵庫(右)の構造図と写真

冷藏庫《れいざうこ》の使《つか》ひ方《かた》

新《あたら》しい冷藏庫《れいざうこ》の使《つか》ひ始《はじ》めには、内部《ないぶ》のトタンを食器用石鹼《しよくきようせつけん》で洗《あら》ひ、更《さら》に清水《せいすゐ》で洗《あら》ひ流《なが》し水氣《みづけ》が乾《かわ》いてから用《もち》ゐます。移《うつ》り香《か》のする際《さい》は、内部《ないぶ》で番茶《ばんちや》を焙《ほう》じますと臭氣《しうき》が除《と》れます。

最初《さいしよ》には冷藏庫《れいざうこ》が冷《ひ》えきるまで氷《こほり》が少々餘分《せう〱よぶん》に要《い》ります。

食物《しよくもつ》などで汚《よご》れたら直《す》ぐ洗《あら》ひます。汚《よご》れたまゝでおくと早《はや》く損《いた》みます。一ケ月《げつ》二三回《くわい》掃除《さうぢ》すれば常《つね》に清潔《せいけつ》です。

氷《こほり》についてゐる鋸屑《おがくづ》で排水口《はいすゐぐち》や排水《はいすゐ》パイプが塞《ふさ》がれることがありますから、御注意《ごちうい》下《くだ》さい。

煮物《にもの》で湯氣《ゆげ》の立《た》つものは冷《さ》ましてから入《い》れますが、急《きふ》を要《えう》する場合《ばあひ》は、必《かなら》ず上部《じやうぶ》に入《い》れます。

秋口《あきぐち》に仕舞《しま》ふ際《さい》は、食器用石鹼《しよくきようせつけん》で洗《あら》ひ、清水《せいすゐ》で洗《あら》ひ流《なが》し、水分《すゐぶん》を拭《ふ》き取《と》り、ドアを開《あ》けたまゝ二三日《にち》乾《かわか》してから、内部《ないぶ》のトタン板《いた》に植物性《しよくぶつせい》の油《あぶら》を塗《ぬ》り、濕氣《しつけ》のない場所《ばしよ》に保存《ほぞん》します。

資料 25 「家庭西洋料理全集」による「冷蔵庫の使い方」

は、真冬の部屋が5度というのも珍しくはない。冷蔵庫内の温度計を見たら6度とあった。冷蔵庫より寒いお部屋の中……冷蔵庫のコンセントを抜きましたわ。

21世紀の今日、日本人は食品がどうなれば腐るのかの知識、腐らせないための知識や知恵を捨ててしまってはいませんか？

食品腐敗のメカニズムを理解したうえで冷蔵庫を使えば、そうそう食品を腐らすこともないのです。昭和10年頃の日本人は頼りない冷蔵庫しかなかったがゆえに、食べものを大切に保存する知恵と工夫を持っておったのです。それはまさに生活力、生命力にあふれたものでありました。そういった先人の知恵を今日の食生活にとりいれれば、食料やエネルギーのムダもかなり避けることができるのではなかろーか？　そんな先人たちの知恵をゴッソリわけてもらおうと思っております。

ありがたき先人の知恵

あまり頼りにならない冷蔵庫の時代だった昭和10年頃、先人たちはさまざまな方法で食品を腐敗から守り、ごはんを食べていたのでした。今日の日本人の中から抜け落ちてしまったそれらの知恵は、いったいどこから生じたものなのか、と考えてみると、「特別な環境の中で生きなきゃならない人たちが必要に迫られて」生み出したものではないかと思えるのです。地域によって異なる気候、職業によって生じる制約などを克服するために編み出した保存法が普遍化して、一般の生活者にも伝わったと考えられますね。

アイヌは鮭を保存するとき、干したり凍らせたルイベなどにします。干物、冷凍物のルーツのひとつでありましょう。

秋田の燻製たくわんである「いぶりがっこ」は、いろりの煙でたくわんをいぶって、腐敗予防を行っていたが、やがては燻製専用のいぶり小屋を作ったり、いわゆるスモーカーで専門的に燻製を作るようになった。

小魚を長期保存させようと塩漬けにしていたら、それがやがて発酵して、「しょっつる」や「いしる」などの魚醤《ぎょしょう》になっていった。タイのナムプラーやベトナムのニョクマムも同じですな。

漁に出た漁師が生のイカを漁港にまで持ち帰る間、醬油樽に入れておくことで腐らせずにすんだというのがイカの沖漬けだった。こういった漁師の知恵は、寿司屋の「マグロのづけ」などにも活《い》かされているんですね。

一度にたくさんとれるフナを長持ちさせるために、ごはんと一緒に樽に漬けたら、半年～1年も腐らず、いいあんばいに発酵して、とんでもなく美味な「なれずし」ができた。ごはんと生のフナが一緒になることで、乳酸発酵したんですね。これからヒントを得たなれずしがいろいろと作られ、次により簡便な速成ずしとして関西の押し寿司(箱寿司)が作られ、もっと手軽な関東の握り寿司を生みました。

職業や地域による保存方法は本当にたくさんあります。亜熱帯気候の沖縄では、かまぼこを油で揚げることで腐りにくくし、なおかつラードで包んで空気を遮断して保存しておった。

かつての登山家たちは、長期の山行きには野菜や肉などを脂肪で煮詰めた「ペミカン」という携行食を自分たちで作っておりました。水分が飛んで脂肪でおおわれているんで、夏場でも傷みにくい。山に入ったら、これに水を足して火にかけて食べておったのです。

そしてこのような保存方法を飛躍的に進歩させたのが戦争だったんです。兵士の持つ兵食は、調理しなくても食べられるもの、運搬がしやすくなるよう水分を抜いて軽量化されたもの、長期間腐らないもの、などが開発されてきました。ビスケット、缶詰、カンパンなどは戦争の中で作られた食品といえましょう。帝国陸軍は中国大陸の奥地にまで進んでおりましたんで、食料の運搬もエライことでした。そんな事情から粉末の醬油や味噌、はては固形の酒まで開発したそうだ。こういった技術が食品の粉末化、フリーズドライを生み出したんですね。

知恵を尽くした貯え方

気候、職業から生み出された特殊な保存技術はやがて普遍化され、一般家庭でもできる保存法として料理本などに紹介されておるのです。昭和10年の「奥様百科宝典」にも、手を変え品を変え、保存法が紹介されています(資料26)。

野菜を土に埋めるやり方は、冬場とんでもなく低温になる地方で野菜を腐らせないために行われてきたやり方ですが、ほどよく湿度もあるので、ほぼ一冬のあいだ保存できるのでした。ミカンやリンゴ、柿なども、単に箱に入れるのでなく、もみがらやちぎった新聞紙をクッションに入れとくと傷みにくくなりますな。

干物魚も、ただ干しとくだけでなく、酒や酢をふりかけたりすることで、2〜3日は日持ちするのです。そのほかに、粕に漬けたりする技術をこまめに加えておけば、ただ冷蔵庫に入れておくだけよりはるかに美味しく日持ちさせられるのでした。

カマボコやチクワに熱湯をかけるという技術も、たしかに熱消毒に違いはないが、まあ今日、そんなに買い込む人はおりますまい。

ここに紹介されている、アサリやハマグリの保存方法は、なるほど、本当でした。以前、うちの台所は土むき出しだったんで、木綿袋に入れたアサリをそこに置いといてみたが、1日一度、袋ごと塩水でザブザブと洗っただけで、あとはそのまま、2日たっても平気だったんです。その後、台所の床はコンクリートで固めたんですが、コンクリートに置いておいても、貝は生き続けるんですね。

貝というと、塩水や真水に入れておくというのを考えがちですが、砂をはかせるのにはよくても、長生きさせるには、水から上げとくほうがいいみたい。たしかに砂浜に転がってる貝だって、けっして水に浸《つ》かりきってるわけではないですもんね。ただし、涼しいところでないとイケナイ。お日様サンサンのマンションのベランダでは、いくらコンクリートでも暑くてカナワン。貝が熱中症で(?)死んじゃうのです。

陸軍開発(!)の貯蔵瓶

人類の食料保存法で最も古いのは乾燥法でした。水分を抜いて傷みにくくする。その次に塩蔵や発酵、酢漬けなどがなされるようになり、腐敗のメカニズムがわかるようになってきて、瓶や缶を使った「加熱消毒→密閉」というやり方が生まれたのです。

瓶や缶も、そもそもは19世紀はじめにナポレオンが軍用食のアイデアを募ったことで開発されたものでしたが、時代はくだり20世紀の日本でも、日本陸軍の食料問題を

資料26 「奥様百科宝典」に見られる食料品の貯え方の例

果物の上手な貯え方　果物を家庭で永く貯蔵なさるというのは，出盛りのときにジャムにするとか，シロップを作るとか，また砂糖煮などにして，壜詰《びんづめ》としておく程度でしょう．果物を生のままで貯えておくということは，御家庭では大して必要のないことだと思います．……野菜と同じく，新鮮味というところに真価があるのですから，新しい，味のいいうちに，早く頂いてしまうに越したことはありません．また現在の日本では，一年中何かしらいい果物に恵まれて，不自由なくお安く手に入るのですから，入用《いりよう》なだけずつ買うのが一番よいことでしょう．但《ただ》し出盛りに田舎から送って来たとか，お歳暮《せいぼ》に沢山《たくさん》貰ったのを貯えるという意味なら，また別です．ここでは，その意味の貯え方について，少し申してみましょう．

▲**蜜柑《みかん》**　永く保《も》たせるには，松の落葉を利用します．まず，図のように松葉を箱の底に敷き，その上に蜜柑を一並べし，また松葉を敷いて蜜柑を並べます．こうして，漬物を漬けるようにいっぱい詰めましたら，上に沢山松葉をのせて，暗いところへ貯えておきます．これは物置の隅《すみ》を利用して，土間へ直接《じか》にしますと，一層効果があります．

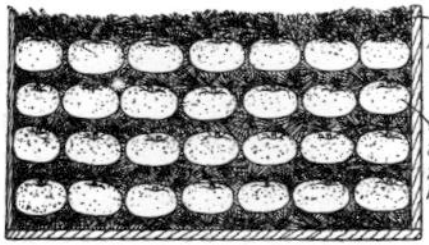

▲**林檎《りんご》**　箱詰のものには鋸屑《おがくず》や籾殻《もみがら》を入れて詰めてありますが，それが一番手軽でよろしいようです．但しやはり一応取り出して，腐れを検《しら》べておきます．新しいうちのあたり疵《きず》なら，味は変りませんが，古くなると，ちょっとした疵でも，そこから損《いた》み始めますから，少しでも疵のあるものは取り除《の》けます．検べましたら，また元のように，隙間に鋸屑なり籾殻なりをぎっしり詰め，林檎の肌と肌とが触れ合わぬようにしておきます．

野菜の上手な貯え方　当今栽培法の進歩により，都会の方は，いつでも新鮮な野菜が，季節選ばず，比較的安値で求められますが，安いからとて沢山買い込むのは，却《かえっ》て不経済なことがあります．それでここでは，到来物を永らく賞味しようとか，不便の地で来客に備える用意とか，小人数《こにんずう》だが，あまり少しは買えないので，つい残ったというような場合の，貯え方を申してみます．多少意味は違いますが，出盛りの極《ご》く安価なときに，蕗《ふき》をきゃら蕗《ぶき》にしたり，トマトをトマト・ソース，胡瓜《きゅうり》や茄子《なす》を塩漬，大根を切干，白瓜を雷干《かみなりぼし》などにしておくことも，経済的な貯え方といえましょう．

▲大根　丸大根のような，保存のきかないものもありますが，普通のものは，庭の隅でも一尺ばかり掘りかえし，筵《むしろ》を敷いて大根を並べ，沢山ならば重ねて，上から筵をかけ，土を被《かぶ》せて軽くおさえておきます．入用なだけずつ出して，後をまた同じようにしておくと，秋の美味しい大根が，三月頃まで用いられます．洗ったものでも，土つきでもよろしいです．このとき，心《しん》の葉をむしりとっておくと，すが立ちません．

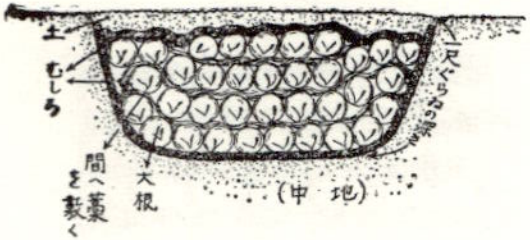

▲葱《ねぎ》　土つきのものは，雨のかからないところの土を掘り，葉先を切りとり，新聞紙に包んで，根を上にして斜《はす》に埋め，土を被せておきます．こうすると永く貯えられて，しかも使うときは，根の方から，そっと入用なだけずつを引き抜けるので便利です．

▲白菜　固く巻いた新鮮なのを選び，一つ一つ新聞紙に包んで，縁の下に埋《い》けておくと，春先まで充分保ちます．砂地ならば，なおよろしいです．すぐ使うものでしたら，新聞紙にでも固く包んで，風に当てぬようにしておきます．

▲甘藷《さつまいも》や馬鈴薯《じゃがいも》　湿気と寒さが禁物です．土つきのままよく乾燥させて，寒いときなら俵か薦《こも》に入れて，湿気のない温かいところにおきます．籾殻に入れておくのも，よい方法です．馬鈴薯は，春先になると芽が出始めますから，手まめに芽をつみとらぬと，味が落ちてしまいます．

干物の味の変らぬ貯え方（以下，詳細略）　▲吊しておく　▲竹串に刺しておく　▲罐

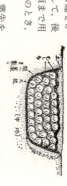

に入れておく　▲火を入れておく(焼直し)　▲日光に当てる　▲酒をふっておく　▲酢をかけておく

▲蒲鉾《かまぼこ》　正月用などに沢山おくときは，なるべく手を触れないようにして，笊《ざる》にでも並べ，火気のないところに吊しておくこと．十日も経つと，だんだん汗をかいてきますから，そのときは，熱湯で搾《しぼ》った布巾できれいに拭《ぬぐ》いとります．この汗をとりさえすれば中身は何ともないから，充分生のままで用いられます．次に再び汗をかいたら，熱湯にちょっと浸《つ》けて汗を洗い流し，乾いた布巾できれいに拭《ふ》きます．これでまた一週間や十日は保ちます．汗のひどいときは，蒲鉾を大きな鍋に並べ，熱湯を浸《ひた》るくらいに注ぎ入れ，塩を少々落し，蓋をして，その湯の冷めるまでおき，冷めたら取り出し，水気を拭いて涼しいところにおきます．こうしておけば，まだ五六日は大丈夫保ちますし，味も変りません．蒸したり茹でたりしては，形も味も変ってしまいますから，いけません．竹輪《ちくわ》もこれと大体同じです．併《しか》し，蒲鉾ほどはおかれません．

▲ 蛤《はまぐり》，浅利《あさり》といった貝類は，水に浸《つ》けておくより，風呂敷のようなものに入れ，貝の口の開かぬようにきゅっとしばって，冷暗所におく方が永保ちします．水に浸けるのでしたら，海の貝は海水くらいの塩水，蜆《しじみ》は淡水《まみず》を用い，毎日水を取り替えます．

水に浸けておくより、口の開かぬやう、きゆつと包んでおくとよろしいです。

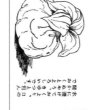

『主婦之友』愛讀者の御家庭へ特別取次ぎ

陸軍糧秣廠《りくぐんりやうまつしやう》で
研究完成《けんきうくわんせい》された

家庭用《かていよう》の貯藏罎《ちよざうびん》

◇手輕に排氣密閉できて　保存力は完全

新鮮《しんせん》な季節《きせつ》々々の野菜《やさい》、果物《くだもの》の貯藏用《ちよざうよう》、ジャム、漬物《つけもの》などの保存用《ほぞんよう》に、この罎《びん》の便利《べんり》なことは、本附録《ほんふろく》の記事中《きじちう》、各所《かくしよ》で説明《せつめい》されてゐる通《とほ》りであります。貯藏用《ちよざうよう》の罎《びん》といはれるものゝ中《なか》でも、この糧友會製《りやういうくわいせい》は、陸軍糧秣廠《りくぐんりやうまつしやう》で研究完成《けんきうくわんせい》されたゞけに、取扱法《とりあつかひはふ》、構造《こうぞう》、保存力等《ほぞんりよくとう》、すべてに最《もつと》も優《すぐ》れてをりますので、主婦之友社《しゆふのともしや》では、貯藏罎《ちよざうびん》を御入用《ごにふよう》の愛讀者《あいどくしや》の御家庭《ごかてい》へ、これをお取次《とりつ》ぎ申《まを》すことにいたします。

特價《とくか》	
大罎《おほびん》(二リットル入《いり》)	五十五錢
中罎《ちうびん》(一リットル入《いり》)	四十錢
小罎《こびん》(半《はん》リットル入《いり》)	三十五錢

(送料)=荷造代とも一個につき(大)は内地三十二錢、その他七十二錢、(中)と(小)は内地二十一錢、その他五十六錢です。但し數個以上纏りますと、郵送かまたは鐵道便か、できるだけ安い方法によって、お送り申上げます。

御註文は、東京・神田・駿河臺の主婦之友社代理部(振替東京一八〇番)へお申越し願ひます。

資料 27　陸軍開発による家庭用貯蔵瓶の広告(「食料品の作方三百種」より)

研究していた糧秣廠《りょうまつしょう》は保存食の研究に余念がなく、そうして作られたガラス製貯蔵瓶は、一般家庭向けにも販売されておったのです。昭和11年の「**食料品の作方三百種**」には、陸軍が開発した貯蔵瓶の広告とともに、それを使った貯蔵法が出ておりましたので見てみましょう(資料27、28)。

資料28のイラスト右上、「完全に保存のできる貯蔵壜」が、糧秣廠開発の貯蔵瓶(資料27)ですね。これは耐熱ガラスでできていて、ふたにはゴムのパッキングが付き、そのふたは「押さえ金」できっちり止められるように作られております。使い方は、瓶を熱湯消毒してから食品を8分目くらいまで入れ、押さえ金をセットし、軽くふたをした状態で、水を張った深い鍋に入れる。そして、20～50分沸騰させ、押さえ金できっちり密閉し、逆

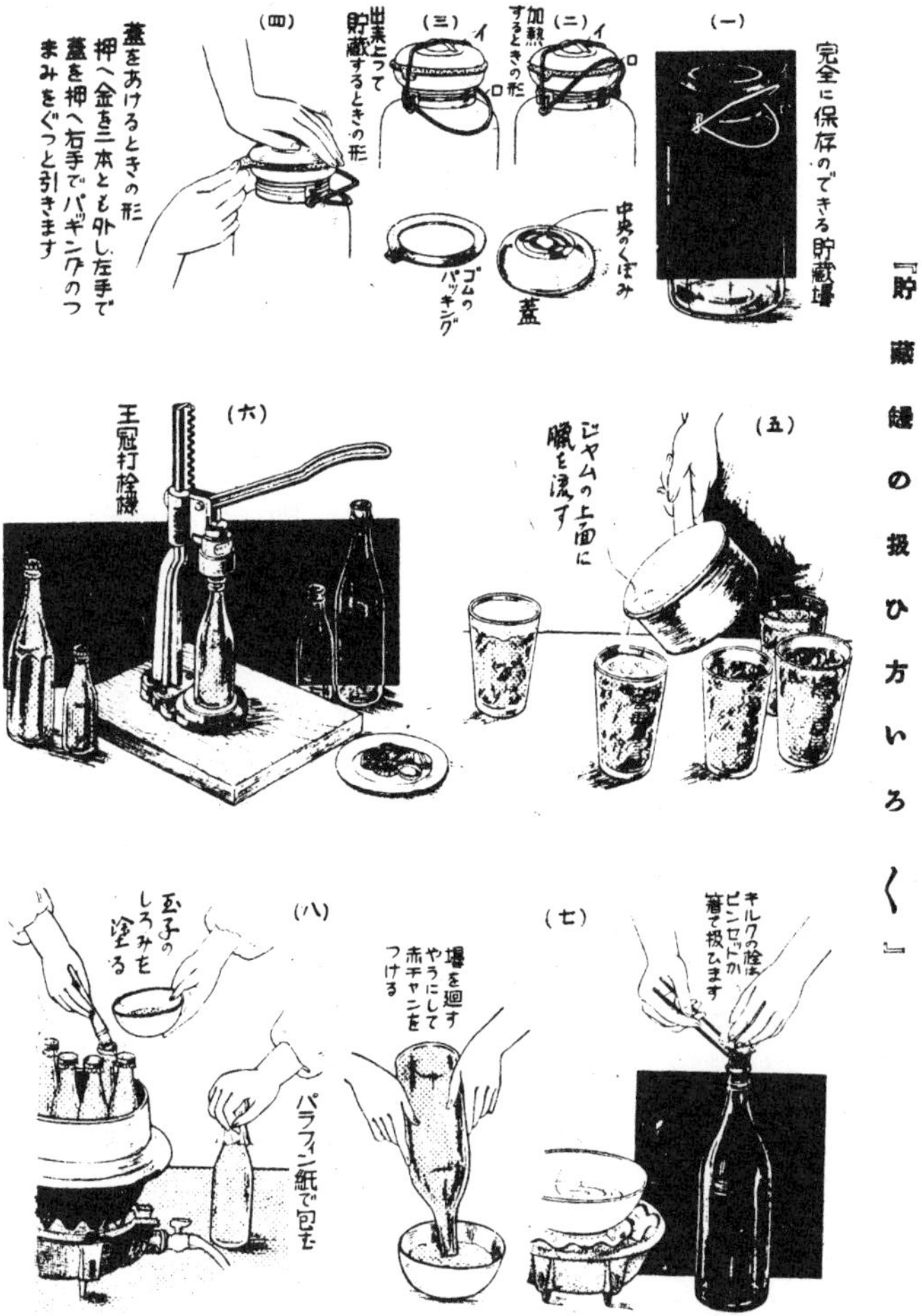

資料28　貯蔵瓶の扱い方のイラスト(「食料品の作方三百種」より)

さにして冷めるのを待つ、というものです。

イラスト中の㈤は、コップとパラフィンを使った貯蔵法です。説明には、主にジャムの貯蔵に用い、シロップのような液体には不向きとありました。コップを熱湯消毒して煮上がったジャムを詰め、冷めたら表面に熱で溶かしたパラフィンを流せば、蠟《ろう》封《ふう》完了。あとはコップの上に紙をかぶせて輪ゴムでとめ、冷たいところで貯蔵します。

㈥は細口の瓶と王冠を使った貯蔵法で、シロップやソースに用いるものです。瓶8分目くらいにシロップを詰め、王冠をかぶせて加熱すると、空気が王冠の隙間から外へ追い出され中が真空になってゆくため、外からの圧力で王冠がピタッとしまるのです。

㈦は「キルク(コルク)」栓を用いるもの。やはり瓶、コルクともに熱湯消毒してから使いますが、コルクは手で直接触れず、ピンセットで行う。その後、コルクに「赤チャン」や卵白をつける、となってるが、もちろんこれは「赤ちゃん」ではなく「赤チン」であります。近頃ではほぼ使わんが、かつては消毒といえば赤チンだったのだ。卵白はたっぷり塗ると、そこが固まって気密性が高くなるので、その上からパラフィン紙をかぶせ、手でぎゅっと握ると、パラフィン紙がベットリと貼りつくのです。しかし、コルクと卵白では、密閉性は今ひとつではなかろーか？　それに赤チンの消毒ってのも頼りない気がするが、当時としては、かなりすぐれた保存法だったのかもしれない。

ゴムパッキング＋押さえ金式のものは、ドイツ人の友人宅では今もピクルスに使っているそうだ。明治・大正の料理本にも「ピックルス」が登場するが、それは西洋料理の本であって、家庭向け主婦の本ではありませんでした。しかし、この昭和11年の「食料品の作方三百種」には、家庭向けの一品として「ピックルス」がいくつも登場

資料29　「花椰菜《カリフラワー》のピックルスの漬け方」のイラスト（「食料品の作方三百種」より）

しております。「胡瓜《きゅうり》と玉葱《たまねぎ》のピックルス」「花椰菜《カリフラワー》のピックルス」(資料29)「無花果《いちじく》のピックルス」「水密桃《すいみつとう》のスウィートピックルス」「西瓜《すいか》の皮のスウィートピックルス」。「甘酢漬け」でなく「ピックルス」として紹介するなんざ、やはりモダンごはん化されてきたからなんでしょね。

太陽熱で干物作り

昭和11年刊のこの本、「食料品の作方三百種」は、その他、いろいろなレシピが約300種も載っており、それら「食料品」はすべて、冷蔵庫なしで日持ちする保存性の高いものです。中でも多いのが、水分を抜くことで保存性を高める乾燥法と、塩分を加えた塩蔵法。では、その具体的方法を見てみましょう。

人類最初の保存食・貯蔵食って、干物かもしれませんね。塩もイラナイ、火もイラナイ。ひたすらお日様の光にさらすだけ。ということは、そもそも「食べものを貯蔵してやろー!!」といった決意などないのに、食べもののほうが勝手に乾燥して「保存状態」になってしまったものを食べてみたのが始まりではないだろうか？　米や麦、豆、木の実なども、秋が来て枯れた後、乾燥したのが残っていた。それを拾って水で戻したり、煮たり焼いたりして食べたのでありましょう。そんな経験から、「干せば長持ち」の法則を編み出したんですな、ご先祖様は。

生きものはすべてエサを求めている。人類も常に飢餓と向き合って生きてきたから、食べられるときにたらふく食べ、余分なカロリーは脂肪という形で体内に備蓄しようとしてきた。その備蓄を体外に移したのが保存食作りだったんです。

昭和初期の日本の野菜といえば、何をさておいても大根でした。そして秋にとれた大根を90頁のように土中に埋めて保存したり、資料30①のイラストのように干して保存しておったのです。

「い」の作り方としては、あまり太くない秋大根の皮をむいて4つ割りにしたら、5分《ぶ》くらい(約2センチ)に切る。それをザルに並べ、天日で3～4日干す。水気がなくなりしんなりしてきたら取り込み、冷ましてから保存するとあります。

このように4つ割りにして2センチくらいに切った大根だと、いくら天日にあてても3～4日では今ひとつ乾き足りないかもしれない。うちでは約1週間は干しておるのです。3～4日だと、しんなりはしているが、保存中にカビてくることがありました。まあ、長期保存でなければ3〜4日で十分でしょう。1カ月〜1カ月半くらいならカビることもなさそうです。

この干し大根の食べ方としては、三杯酢かお醤油でハリハリにしても美味しいと出ていますが、一度は水で戻してからのことでしょう。このまま戻さずに三杯酢に浸してもハリハリにはなりますが、丸1日浸していてもスコブル硬く、ハリハリではなくバリバリという感じになります。味噌汁の実や肉、油揚げと一緒に煮付けるのもよいとありました。

「ろ」のほうは、あまり大きくない大根をたて4つ割りにして干したものですが、先っぽのほう1寸ほど(約3センチ)を切らないでおけば、そこにひもを通して軒下あたりに干せると書かれてます。これは寒風にさらすやり方で、雨にあたらぬようにすれば長期保存も可能ですが、経験上、みごとにカチンコチンに干しあがるため、必ず水で戻して使いましょう。

「い」と「ろ」はつまり、角切りと割り干しです。今日一般的な干し大根といえば、やはり細切りにして干した切り干し大根です。これは細いだけに戻るのも早いし、かなりやわらかく戻ります。もちろん、自分で作れます。大根を細切りにするスライサー(おろしがね)がありますのでとっても簡単だし、干すのも1〜2日でカラカラに仕上がるのです。

最近の人は割り干しや切り干しを作ったことのない方が多いからわからないかもしれませんが、生のままで干すのと、ゆでてから干すのでは、戻り方がかなり違ってきます。一度熱湯をくぐらせて(割り干し5分、細切り切り干し30秒)から干すと戻りが早い。また、戻さずに直接三杯酢や醤油に浸してもとてもやわらかく戻ります。ゆでてから干したもののほうが、色が白くなるというのも違いのひとつであります。

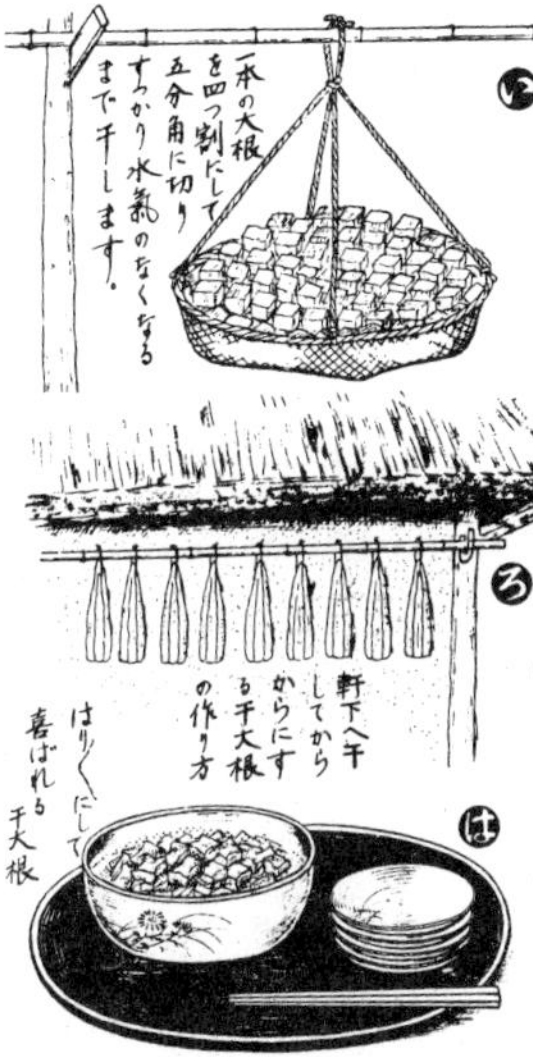

①『干大根の作り方』

②『大根の干葉の作り方』

資料30 「干大根の作り方」と「大根の干葉の作り方」のイラスト(「食料品の作方三百種」より)

最近は大根の葉がカットして売られていることも多いが、せっかく葉付きで手に入っても、まさか捨てていたりしないだろうか。使いきれない？　いえいえ、葉だって干せばよいのです。まさにイラスト（資料30②）のようにして干すのだが、これも割り干しや切り干し同様、イヤ、それ以上に生で干すのとゆでて干すのとで違いが出ます。生で干すとバリバリするほど乾いてしまいまして、水で半日戻してもかなり硬い。しかし熱湯で4～5分ゆでてから干したものなら、水で戻したときにすごくやわらかく戻るのです。

１９８０年頃に新潟の農家を訪ねたとき、大根の干し葉の料理をいただきましたが、生揚げと一緒にやわらかく煮てありました。聞いてみるとやはり一度ゆでてから干したもので、生干しは硬くてお年寄りには食べづらいんだと言っておったです。

21世紀にも干物は現役

他の野菜でも、さっとゆでて干すということは十分可能です。レタスのような繊維の弱いものはできませんが、小松菜あたりならさっとゆでて干せるのです。今日、野菜を干す人は少ないと思いますが、今こそ、干し野菜が食生活の健全化につながるのではないでしょうか？　うちではいろいろな野菜を干しているので、そいつを写真で載せてみましょ（資料31）。

ここには野菜以外のスルメも並んでいますが、他にも、スライス牛肉、輪切りリンゴ、魚の開き、水で戻した大豆をつぶしたもの（いわゆる打ち豆）、果物の皮（ミカン、リンゴ、レモンなど）、いろいろなものを干しておりますす。これが毎日の食事作りを楽ちんにしてくれるんですね。

資料31　著者が作っている干物の例（左からニンジン，しめじ，大根葉，カボチャ，スルメ，ゴボウ，ナス）

夜、干したカボチャ、ゴボウ、ニンジン、レンコン、ナス、シメジなどのうちから好きなものを選んで鍋に入れ、昆布と煮干しを加えて水を張っておく。朝になると、生と変わらぬような野菜が鍋いっぱいになってまして、火にかけ、味噌を溶けば、包丁いらずの味噌汁なんですな。また、夜にカレーを作ろうと思ったら、ジャガイモ、タマネギ、ニンジンな

ど と干した牛肉を入れて水を張っておけば、あっという間にカレーができる。実に手のかからない料理技なんですね。

冷蔵庫が家庭に入ってから、人びとは野菜は冷蔵庫で保存するものと思い込みはじめた。そして冷蔵庫内で干からびさせてしまうか、腐らせてしまうことが多くなってきた。どーせ大根1本なんぞ使いきれないのだったら、最初から半分くらい干しちゃえばいいのです。ずっと冷蔵庫に入れっぱなしで、スが入り、干からびてしまうのはズボラな人と言われ、さっさと切って干し大根にしてしまえば、しまつのいい人と言われる。どちらも「大根の水分が抜ける」という点では同じなのに……。

魚だって、どんどん干そう

次なるは、「食料品の作方三百種」に載っていた「するめの作り方」のイラストです(資料32)。イカはスルメイカを使います。エンペラ(イカの耳)の反対側を上から下に向けて切って開く。イカの足はそのままにして、はらわただけを抜いて水で洗う。両面に薄塩をあてて一晩おき、さっと水洗いした後、イラストのように串を打って天日

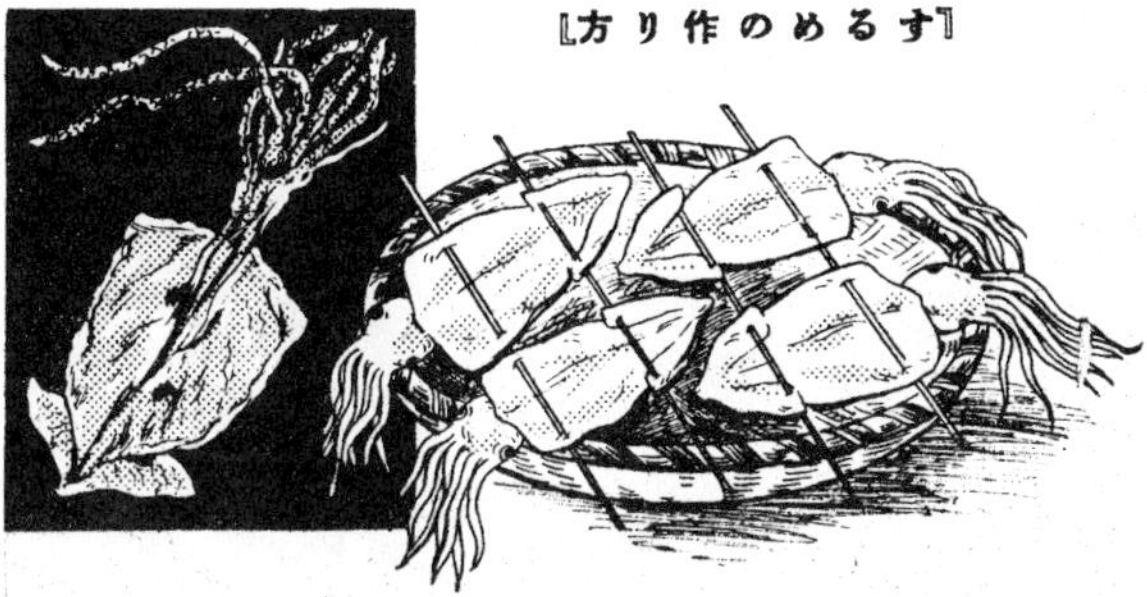

資料 32　「するめの作り方」のイラスト(「食料品の作方三百種」より)

干しにする。串を打たないとイカが丸まってしまいますぞ。

これは1日干しただけで、焙《あぶ》って食べられます。生のときより、旨味《うまみ》がはるかに増えておるのです。長期の保存だったら3～4日しっかり干してカチンコチンに干しあげると、いわゆるスルメになります。

イカのほかにも、アジ、イワシ、キス、カマスなど、ほとんどの魚が干物になります。素早く水分を飛ばすために、背開きにしてから干しますが、開いたら塩をふるか、薄い塩水に30分くらい浸かして、風通しのよいところで干します。早く食べるなら一夜干しで十分で、長くおくなら2～3日干した後、容器に入れて保存するのがよろしいでしょう。

資料 33　「天日利用の苺ジャムの作り方」イチゴを干す工程の写真(「食料品の作方三百種」より)

この本には、天日で完成させるジャムの作り方まで載っておりました。資料33の写真が天日で「煮て」いるところであります。作り方は、洗ったイチゴと同量の砂糖を混ぜて一晩おき、鍋で形を崩れさせぬよう10分間煮る。それを皿に移して写真のように並べてお日様にさらす。1日に4〜5回かきまわして2〜3日したら貯蔵瓶に移す。

スゴイですねー。ボール紙にアルミホイルを貼りつけて作る太陽熱焼芋器どころではありませんねー。元祖エコクッキング。しかも、このジャム作り最大のポイントというのが、ジャム干し台の脚に敷かれた「アリ返し」なのであった。「深目の器に水をいっぱい入れて、台の脚の下におく」ことで、アリがはい上がってこないようにしていたのだ。

しかしだ、ハエは来ないのだろうか？　心配であります。老婆心ながら……。

干物の要は熱と風

「干す」というと太陽熱があってこそと思いがちですが、実は風のほうが重要なのです。いくら熱が伝わっても、ビニールハウスの中では乾かないが、曇りでも夜中でも風があればよく乾きます。地方のビジネスホテルに泊まったとき、エアコンが止められなくなっていて、設定を下げても風だけはユルユル出ておりました。その送風口に、開いたイワシを吊るしておいたら、3時間で干物になっておりました。とくに魚の場合は、太陽熱より風を重視いたしましょう。一夜干しという言葉もあるくらいですから。

太陽熱よりも風と言ってしまったのですが、最後に太陽をしっかりヨイショしておきます。

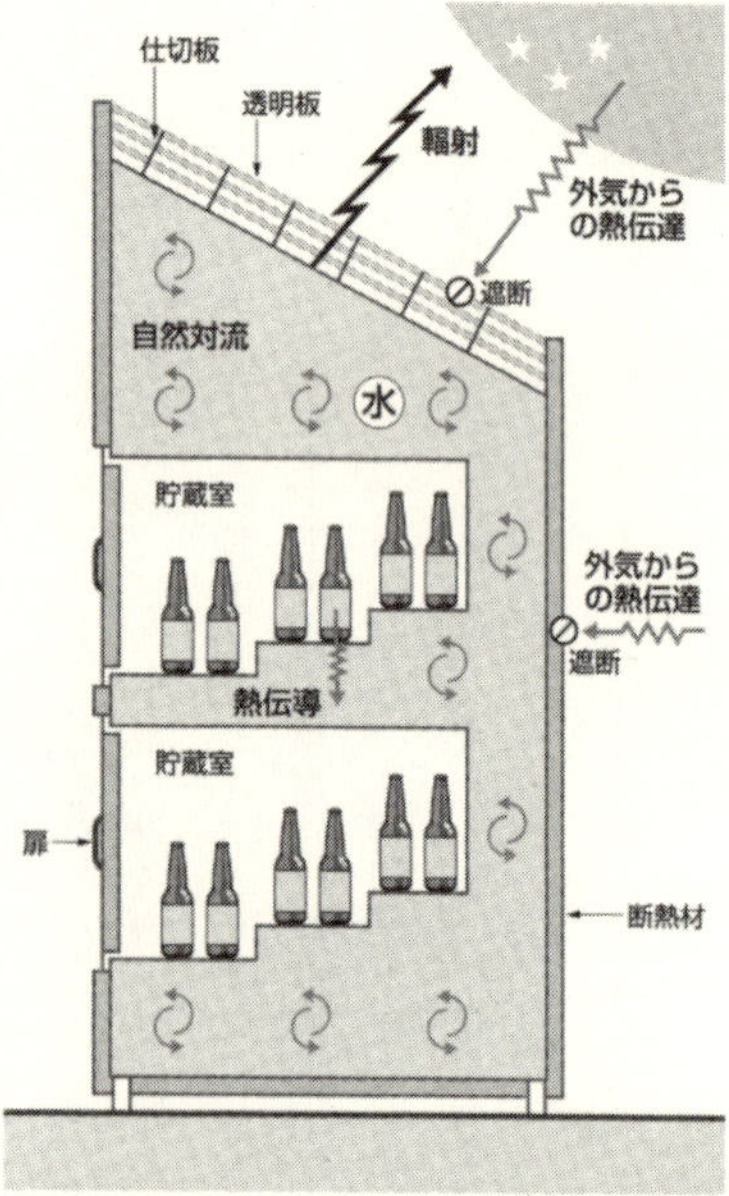

資料34　藤村靖之氏が開発した非電化冷蔵庫の構造図(藤村靖之著『愉しい非電化』より)

資料34は、『愉しい非電化』(洋泉社)で紹介されている、発明工房を主宰する藤村靖之工学博士の作った冷蔵庫で、もちろん電気は不要。太陽の熱を直接使うわけではないが、太陽が昼間地面や空気を熱し、晴天の夜を迎えると夜空に向かって温まった空気が輻射《ふくしゃ》される、この輻射熱を利用した冷蔵庫なんでして、晴天の夜が3日に1日以上あれば、真夏でも庫内は7〜8度を維持できるのだ。

太陽熱はものを熱する。しかしそのことで輻射熱が生じ、放射冷却現象が起こる。めぐりめぐって、太陽の力でものを冷やすということも可能なんですね。太陽や風の力を上手に借りて生活を豊かにするということが、昭和10年頃から今日の発明工房につながっておったんです。

塩も保存の大きな味方

さすがは昭和11年、食品保存にかける情熱はスゴイ。食べものを腐らしてなるものか!! なんだが、電気冷蔵庫は高値の花、やっと手に入れた小型冷蔵庫の冷蔵室は、30×30×40センチ程度のまるで「おもちゃ箱」だし、庫内とてせいぜい15度くらいにしかならない。となると、食品保存には塩が必需品ってことになる。この食品貯蔵をテーマにした本に出てくる塩がらみの貯蔵料理をチェックしてみたら……。

でんぶ8種、佃煮《つくだに》27種、なめもの16種、塩辛9種、塩漬け24種、味噌または麹漬《こうじづ》け24種。なんと108種でしたから、この本のレシピ300種の約3分の1が塩蔵だったんです。

資料 35　「食料品の作方三百種」に掲載された海産物・野菜類の佃煮(それぞれ，掲載されていた料理名と作り方の概要)

海産物の佃煮	
塩昆布(1)	砂をふき取った昆布を，4, 5 分角くらい(1〜1.5 cm 程度)に刻む．ひたひたになるくらいまでの醤油と，1 割程度の酢を入れ，中火で煮る．14, 5 分後，さらにひたひたまで醤油を加え，もみがつお(粉にした鰹節)を入れる．しばらく煮てから塩をふりかけ(煮えた昆布が 5 合＝900 cc くらいなら，大さじ 1 杯)，よくかき混ぜながら弱火で 1 時間半くらい煮る．
塩昆布(2)	洗わず砂やほこりを落とした煮出し昆布を 5 分角ぐらい(約 1.5 cm)に切って鍋に入れ，かぶるほどの水と酢 5 勺(90 cc)を加えて炭火で煮る．醤油を少しずつ入れながら 6 時間ほど煮る．
塩昆布(3)	板昆布 50 匁(約 200 g 弱)の砂を洗い落とし，長さ 6, 7 分(約 2 cm)，幅 3 分ぐらい(約 1 cm)の短冊切りにする．昆布を手早く洗い，水気を切って鍋に入れ，酒 5 勺(90 cc)を加えて 1 時間ほど浸す．醤油 2 合(360 cc)を入れて弱火にかけて煮込み，汁が煮詰まったら醤油 1 合(180 cc)を足してゆっくり煮る．
若布《わかめ》の佃煮	濡れ布巾でワカメの砂をだいたいはらい，手早く洗って水を切る．少し辛めの塩水を煮立て，ざく切りにしたワカメを入れて煮る．あらまし煮えたところで湯を捨て，醤油をひたひたよりずっと少なめに加え，火を弱めて，ほどよく煮詰める．
とろろ昆布の佃煮	とろろ昆布全体に湿りが行きわたるくらいに醤油を含ませ，味の素をふりかけ，弱火で焦げつかないように混ぜながら火にかける．味見をして，足りなければ醤油を加える．

海苔《のり》の佃煮	生海苔を水に入れて洗い，菜箸ですくって布巾を敷いたザルにあげる．一度できれいにならなかったら繰り返す．水気を絞り，布巾をひろげて小1時間干す．海苔がひたひたになるくらいの量の醬油を煮立てて海苔を加え，ひとふきしたら火を弱めて煮詰める．足りなければ醬油を加え，てりの出るまで煮る．
湿った海苔の佃煮	湿ってしまった乾海苔を小さくちぎって鍋に入れ，浸るくらいに酒を注ぎ，弱火にかける．ひと煮立ちしたら醬油をひたひたに注ぎかけ，中火で醬油が煮詰まるまで煮続ける．
しじみの佃煮	シジミとシジミを叩いて同じ音をするのを選ぶ(泥の入ったものや死んだものを選りわけるため)．湯を煮立ててシジミを入れ，口が開いたらザルにあげ，むきみ1合5勺(270 cc)に醬油5勺(90 cc)，砂糖茶さじ2杯を加えて煮る．長く持たせるなら汁のなくなるまで煮上げる．軟らかく食べるなら，少し煮たところでシジミを穴杓子ですくい，汁だけ煮詰め，再びシジミを入れて煮る．
蛤《はまぐり》のしぐれ煮	むきハマグリ3合(540 cc)をよく洗う．鍋に酒3勺(約50 cc)を煮立てて古ショウガ1個分の千切りを入れ，ハマグリを入れてかきまぜ，醬油5勺(90 cc)を少しずつ入れながら煮込み，煮詰める．
浅利《あさり》のしぐれ煮	洗ったアサリのむき身2合(360 cc)を，醬油大さじ2杯半，砂糖大さじ1杯を入れて煮立たせた中に入れる．ショウガの千切り大さじ1杯半も加え，汁がなくなるまで煮る．
野菜類の佃煮	
莢《さや》いんげんの佃煮	あまり太くないサヤインゲン40〜50本の筋をとってさっとゆで，1寸(約3 cm)くらいの斜切りに．鍋に酒3勺(約50 cc)を煮立たせ，醬油1合(180 cc)を加え，弱火にして汁がなくなるまで煮る．

紫蘇《しそ》の実の佃煮	青じその実30匁(約110 g)を穂からこそげとり，辛めの塩水に20分くらい漬ける．水気を切って鍋に入れ，たっぷりの醤油をさし，弱火で煮る．8分通り煮えたら，みりん2勺(40 cc弱)を加え，汁がなくなるまで煮る．
木の芽の佃煮	軟らかい木の芽をつみとり，鍋に入れて水から煮てゆでこぼす．醤油とみりんを入れての煮方はしその実と同様．
葉蕃椒《はとうがらし》の佃煮	葉とうがらしの花と実と葉を一緒につみとり，50匁くらい(200 g弱)を熱湯でさっとゆでて，ザルにあげて水気を切って鍋に入れる．醤油とみりんを入れての煮方はしその実と同様．
きゃら蕗《ふき》の佃煮	下ごしらえしたフキ100匁(400 g弱＝中くらい15, 6本)を干し，少し軟らかくなったら葉先と根元を切り捨て，長さ1寸(約3 cm)ほどに切って洗う．醤油5勺(90 cc)を煮立たせてフキを入れ，箸でかき混ぜながら中火で煮る．出てきた汁気を捨て，新しい鍋に酒3勺(50 cc強)を煮立ててフキを入れる．ひとふきしたら醤油2合(360 cc)を加え，落しぶたをして弱火で煮込む．煮詰まったら，さらに醤油5勺(90 cc)を注いで，十分に煮込む．
松茸の佃煮(1)	マツタケを塩水で洗って石づきをとり，軸は2つ割り，大きい傘は2つに切り，小さいものならそのまま小口切りに．醤油をひたひたより少なく入れ，30分ほど煮しめて十分に火を通す．汁気も一緒に瓶に入れ，15分ほど熱を加えてふたをする．
松茸の佃煮(2)	マツタケ100匁(400 g弱)の石づきを切り落とし，薄い塩水にしばらく浸してから洗う．軸も傘も1寸(約3 cm)ぐらいの短冊切りにし，鍋にみりんか酒を煮立たせ，マツタケを炒り，醤油をひたひたに注いで弱火で煮込む．
山椒の実の佃煮	山椒の実を少しゆでてから2日ほど水にさらし，約20分蒸して，ザルにあげて天日に2日ほど干す．これを鍋に入れ，醤油をひたひたに注ぎ，酒を少々加え，ごく弱火で煮詰める．

山椒の花の佃煮	山椒の花をさっとゆでて水にさらし，ザルにあげて水を切ってから鍋に入れ，7：3の割合で醤油と酒をひたひたに入れ，ごく弱火で汁が黒くなるまで煮詰める．
西洋蕃椒《ピーマン》の佃煮	よく洗ったピーマンを，フライパンにごま油をひいてざっと炒める．ピーマンがひたひたになるくらいの醤油を鍋に煮立て炒めたピーマンを入れて，弱火で汁がなくなるまで煮詰める．
廃物利用の蕗の葉の佃煮	フキの葉をたっぷりの熱湯でざっとゆで，何回も水を替えながら1日水にさらす．これを固く絞って細かく刻み，醤油7：酒3の割合でひたひたに入れ，汁が煮詰まるまで煮る．

　こんなのとてもすべては紹介できませんので、主だったものをとりあげてみたいと思います。まずは佃煮のうち、海産物と野菜類とにわけて表にしてみました(資料35)。たとえば、**しじみの佃煮**(資料36)。シジミのむき身1合5勺《しゃく》といえば、２７０cc、醤油5勺は90cc、それに茶さじ2杯の砂糖でひたすら煮詰めるんだから、これは相当しょっぱいものになりますな。昨今の佃煮のような甘さはありません。ほのかな甘さと思ってください。

　他の佃煮も、基本的には「洗う↓煮る↓塩や醤油を加えて煮汁がなくなるまで煮詰める(時には砂糖も加える)」という作り方なんですね。

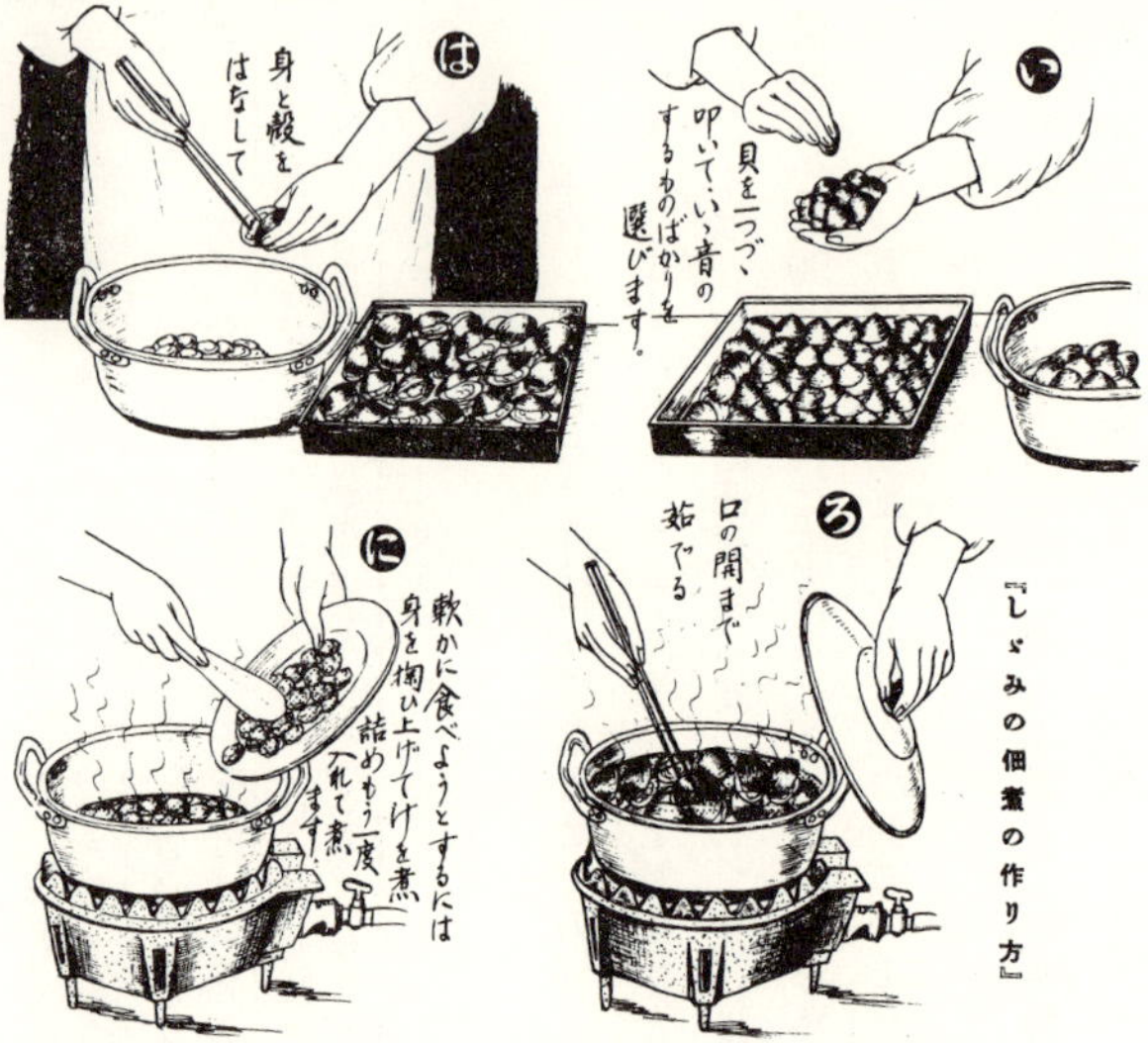

資料 36　「しじみの佃煮の作り方」のイラスト(「食料品の作方三百種」より)

ものは試しと、あたしゃこの本のレシピを基にして、「紫《し》蘇《そ》の実の佃煮」を何年か前に作ったです。約１０0グラムの実といえばかなりな量でして、「たっぷりの醤油」とあるから、一応しその実がひたひたになるくらい思いきって使ってみた。かなり煮詰まったとこで、みりん36ccを加えて汁がなくなるまで煮たんだが、炭火でやって2時間以上かかったです。これはしょっぱい。みりんの甘さなんざ、まさに隠し味といったところです。

ここまでしょっぱいと、今の世の人は「高血圧によろしくないのでは……」とおしゃるのだが、それは短絡的な思考なのだ。血圧が上がるほどたくさんは食べられませんって。冷や奴を一口食べるにあたり、しその実を1～2粒で十分なんですな。醤油はいらんのです。それにここまでしょっぱいと、1年以上経ってもカビが生えない。まさに貯蔵品ですぞ。

この表にあるような佃煮は煮るのに手間がかかるから、今日では家庭で作るものから店で買うものになってしまったが、それは当然といえば当然なのです。なぜか？現在のおうちには炭火がない。弱火に鍋をかけ、倦《う》むことなく木べらでかきまぜ続けること3～5時間つきっきり……こんなことが現代人にできるだろうか。我が家で作ったのも、うちには炭の火鉢、囲炉裏があって、それが暖房器具だから冬場なんぞは何時間でも火鉢のお守りができるわけだ。佃煮をおうちで作る食文化は、炭がガスに代わったことで、幕を下ろしたといえましょう。

炒ったり、味噌を使ったり

これ(資料37)はイワシなどの小魚(メザシでもできる)を焼いてほぐし、フライパンでから炒《い》りして作るものです。水気がなくなってきたら醬油を少しさしては炒りつけ、少しさしては……を10回くらい繰り返して、香ばしく香ってきたらすり鉢でよくする。魚の身をこのようにして作るのが、いわゆる「でんぶ」ってやつでして、料理屋をやってた実家では、タイの粗《あら》でよく作っておりました。

魚の粗は一度焼いて身をほぐし、フライパンでから炒りした後、味をつけながらから炒りして水気を飛ばすのですが、みりん、醬油、砂糖など好みの味をつけたり、削り節、ゴマ、海苔《のり》などを加えたりして仕上げると美味しくできるのです。魚屋で安く買えるマグロの粗のでんぶは、油で炒《いた》めながらほぐし、醬油と砂糖で甘辛く仕上げるとコッテリ旨味のでんぶになります。

佃煮やでんぶは、塩または醬油を使いましたが、これを味噌におきかえるとマグロ味噌やカツオ味噌などという「おかず味噌」になるんですね。肉味噌、魚味噌などは、ひき肉や魚の粗をほぐし、味噌を加えて練り上げれば作れるのです。ただし、味噌は塩や醤油と比べてこげつきやすいので、酒やみりんを加えながら、弱火でゆっくり練るのがコツですね。

実際に作ってみると、佃煮やでんぶを作るより、味噌のほうが楽に作れます。炭火でなく、ガスの弱火で約20分もあれば作れるので、現代人向きかもしれません。

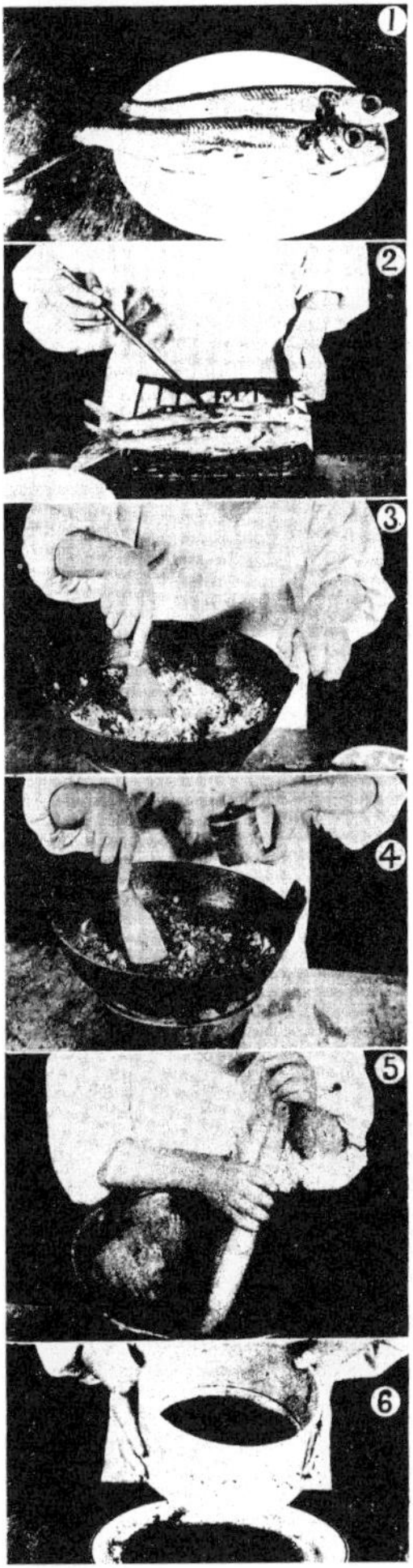

資料37　「小魚の粉の作り方」手順写真(「食料品の作方三百種」より)

珍なるかな……

さらに、「食料品の作方三百種」には、今日の料理レシピではちょいとお目にかかれんようなメニューがあるんですねー。

たとえば、「鯨の佃煮」。「先《ま》ず鯨肉は赤身のところを、一寸くらいの賽目《さいのめ》に刻み、ぐらぐら煮立っている湯に入れ、固く身が緊《しま》るまで茹で、笊《ざる》に上げておきます」とのこと。クジラを1寸くらい（約3センチ）……とありますが、身の厚さは5ミリから7ミリにしたうえでの3センチ大と考えてください。3センチの角切りでは、でかすぎです。それを薄く刻んだショウガと醬油で煮詰めるのですが、実際に作ってみると、厚さは薄いほど美味しく、食べやすいのです。

他に牛肉、豚肉、馬肉、うさぎ肉、牛レバーなどの佃煮が紹介されていますが、いずれも作り方はほぼ同じでして、肉は薄切りかそぼろ状、砂糖と醬油で煮る、臭みのある肉にはショウガのみじん切りか細切りを加える……といったものでした。

こんな本を書いてるくらいだから、昔の料理本を山のように持っておりまして、それらをひたすら読んで分析するのが仕事のやうな、イヤ、ようなもんです。資料を読んでる間、火鉢にかけた佃煮をかきまわしてたら、100グラムのひき肉で佃煮が完成したです。ショウガ、トウガラシ、サンショを加えて仕上げた佃煮は、瓶詰めにしとくと日持ちもよろしい。味が濃いから、一回に食べるのはほんの少しなんで、約2カ月にわたって楽しめたです。昭和10年頃って、実に安上がりだったんだ。そんな安上がりの時代、狭い卓袱台《ちゃぶだい》にどんな献立が並んでおったのか？　次の章で、ちょいとのぞいてみましょかね。

昭和モダン広告ギャラリー　Part 2

(昭和 9 年)

(昭和 9 年)

(昭和 9 年)

(昭和 11 年)

(昭和 11 年)

6章　和洋折衷、なんでも手作り

一汁一菜の献立

この1カ月の夕食の献立（資料38）を見てくださいまし。これは雑誌『料理の友』昭和12年4月号に掲載されていた、1カ月30日間の夕食の献立例です。当時の婦人雑誌には毎日の献立例を紹介する記事が多く見られます。この資料によると、和食を中心とした和洋折衷《せっちゅう》、中華なしで、基本構造は一汁一菜です。9日の「豆腐の八はい」とは、八杯豆腐のこと。水6、酒1、醤油1の割合で煮汁を作り、拍子木《ひょうしぎ》に切った豆腐を煮てくず引きしたところから、6・1・1を足して八杯豆腐と名づけられた料理で、江戸時代に豆腐料理のレシピ本としてベストセラーになった『豆腐百珍』にも載っています。

1日	鯖《さば》のバター焼 野菜サラダ	11日	カレーライス 鰊《にしん》の薄塩あてオヴン焼き	21日	ねきま汁 このしろ塩焼
2日	うどと若布《わかめ》の酢味噌 鰆《さわら》の塩やき	12日	白魚《しらうお》と春菊の清汁 豚肉と玉ねぎの煮込み	22日	厚焼き玉子とおろし はんぺん・三つ葉清汁
3日	わらびの含め煮 玉葱《たまねぎ》の肉詰天火《てんぴ》蒸し	13日	ライスカレー 嫁菜《よめざい》の胡麻あえ	23日	牛肉の鎌倉焼 わらびの含め煮
4日	小松菜のおしたし 鮃《ひらめ》のフライ	14日	貝柱のかきあげ 鯛のうしお	24日	かまぼこつけ焼 細切り肉と大根の煮込み
5日	鶏肉と三つ葉の清汁《すまし》 煮魚・したしもの	15日	鯛の薄塩やき 桜海老と三つ葉よせ揚げ	25日	筍《たけのこ》の木の芽和え 鰊と(ママ)塩やき
6日	お豆腐とむきみの清汁 切干大根と油揚の煮つけ	16日	蛤《はまぐり》の清汁 烏賊《いか》吉野煮	26日	とろろ昆布の清汁 莢豌豆と焼竹輪の煮合せ
7日	切干と油揚煮つけ 豆腐の清汁	17日	ハム・ライス 卯の花バタ炒《いた》め入りパイ	27日	豚肉のカツレツ 春菊のおしたし
8日	三つ葉の玉子とじ 人参・蒟蒻《こんにゃく》の白和え	18日	薄あげもみ海苔《のり》卸し和え むきみと分葱《わけねぎ》のぬた	28日	繊切《せんぎ》り烏賊と独活《うど》 山葵《わさび》和え 豆もやし胡麻酢
9日	豆腐の八はい おろし山芋三杯酢	19日	白魚のお清汁 卸し人参と慈姑《くわい》揚げ団子	29日	八《や》ツ頭《がしら》のお味噌汁 わかめと三つ葉三杯酢
10日	鰯《いわし》のフライ 蕗《ふき》と莢豌豆《さやえんどう》煮合せ	20日	がんも・蓮根《れんこん》の甘煮 桜海老おろしあえ	30日	牛肉と野菜のシチュー 三つ葉したし

資料 38 昭和 12 年『料理の友』4 月号の「毎夕献立一ヶ月」コーナーに掲載された献立例

もうひとつよくわからんのが、17日の「卵の花バタ炒《いた》め入りパイ」なる折衷料理です。ゆでジャガイモ6個を裏ごしして牛乳3勺《じゃく》(54cc)を加えてパイ皮を作り、バターを塗ったパイ皿に入れる。卵の花(おから)2合(360cc)、貝柱、青豆、トマトソースをあわせて火にかけたものをパイ皮に詰め、さらに上にパイ生地をのせ、ホウレンソウの裏ごしでふちをかざり、卵黄を塗って天火《てんぴ》で焼く、のだそうだ。これは6人前のレシピだから、1人あたりおから60ccにジャガイモ1個。かなりボリュームあります。

他の献立はだいたいどんな料理か想像がつくと思いますが、はたして1人あたり、どのくらいの分量なのでしょうか？　いくつかの献立についてレシピがついていたので、材料のところだけ、抜粋してみます。

①3日「玉葱《たまねぎ》の肉詰天火蒸し」　タマネギ大6個、豚ひき肉30匁《もんめ》(約110グラム)、食パン1切れ、カニ缶4分の1、塩、コショウ、味の素、セリー酒(シェリー酒)か白ブドウ酒、パン粉、バター

②11日「鰊《にしん》の薄塩あてオヴン焼」　ニシン6尾、パセリ3〜4枚《(ママ)》、塩、コショウ、バターまたはサラダオイル

③23日「牛肉の鎌倉焼」　牛肉180匁(675グラム)、みりん、醬油、コショウ

いずれも6人前ですんで、①で使用するひき肉は30匁＝約110グラム＝1人あたり約20グラムと非常に少ない。②のニシンは1人1匹とゴーカなもんですが、当時はニシンが豊漁(というより乱獲)だったから安かったんでしょう。③の焼肉は180匁＝約680グラム＝1人あたり約110グラムでしかないのです。

この時代、朝食や昼の弁当には魚は少々あっても、肉はほぼ出なかった。27日の「豚肉のカツレツ」も、おそらく1人100グラムくらいの薄いものだろうし、カレーにも1人あたり20グラムくらいの肉が普通だった。現代ニッポン人には考えられないかもしれないが、今、焼き肉屋で一回に食べる肉の量を、昭和10年頃の人びとは半年以上にわけて食べていたようです。

あこがれの料理番組

では、今度は当時の肉料理を、昭和10年に日本放送協会が出版した『**放送料理一千集**』から再現してみましょう。この本は1章でも紹介しましたが、ラジオの料理番組

で紹介したレシピをまとめたものです。毎朝10分間放送していたもので、日曜祭日は休み。大正15年から昭和3年までのものは出版済みで、『放送料理一千集』は、その後の昭和9年までの料理が収録されています。

この本の「はしがき」からは、当時の食料事情が垣間見えてきます。

放送料理一千集を編輯《へんしゅう》いたしますに際し、初めは月別《つきわ》けにし、或《あるい》は又之《これ》を四季に分けたりなどいたしましたが、近時園芸の進歩は、寒中の筍《たけのこ》も敢《あえ》て珍らしいものではなくなりました。その上に交通の便は遠近の距離を短縮し、必要の食品は、之を求めて得られざるなき今日の状態でありますから、ここには敢て季節を論ぜず、一つ品種で、種々の料理を通観し得るように致しました。

ここではすでに、農業技術の進歩で季節感が薄くなっていたことが認識されておりますね。それに交通＝流通の進歩で、地域性も薄くなったといっておる。この頃からもう、食における季節感、郷土性も少しずつではあるが失われはじめていたのでしょう。

こんな面白い記述もありました。

材料中に調味料とありますのは、甚《はなは》だ漠然として要を得ない次第ですが、此《この》調味料の名称を放送から避けなければならなかったので、ここにも其儘《そのまま》の稿に致して置きました。

同じ頃の他の料理本や雑誌では、はっきり「味の素」と表記されていますが、NHKはこの段階から中立性、公的電波を意識しておったようです。昭和4年には「味の素」の特許が切れて、類似品が多数販売されていましたが、「味の素」がダントツ売れていたので、「調味料」と表記すればそれが何を指すのか、およそわかったんでしょうな。今だったら「うまみ調味料」と表示するところでしょうね。

まだテレビがなく、本、雑誌、ラジオ、新聞などが庶民の情報源だった頃、毎朝10分間流れる料理情報は最新のものだったのでしょう。料理の選択基準については、「はしがき」に「簡易で、而《しか》も出来るだけ珍らしい料理を選ぶ」とありました。つまり、発信側もより珍しいものを選んだと思われるので、この本に載ってる料理を当時の日本人が普通に食べていたとは思えません。むしろ「あこがれの料理」番組だったんではなかろーか。実際には、「鯛のコキーユ」などという料理の作り方を聞いて「へー、どんな味なんやろ?」と興味を持ちつつも、金山寺味噌やきゃらぶきをおかずに味噌汁とごはんをかっくらっておったんじゃないでしょか。

肉や魚をどう食べる？

さて、この『放送料理一千集』は2冊本で、ひとつは「野菜篇」、もうひとつは「肉類篇」となっています。「野菜篇」は野菜主体ではあるが、その料理中に鶏肉やエビなども少し使われているものでして、「肉類篇」は肉、魚、卵を主体とした料理ですが、もちろん野菜もそえられています。そえられているというよりは、かなりの量の野菜を少量の肉や魚で味を濃くしているのでは……と思わせるものが多いのです。

たとえば「烏賊《いか》の袋蒸し」の材料は、イカ3杯に対し、豆腐が2丁、キクラゲとエンドウがそれぞれ5匁(約20グラム)。肉だけ、魚だけの料理も紹介されてはいますが、全体の中では少数派でした。それに「肉類篇」といえども、紹介されているレシピの主たる食材の比率は、肉31％、魚介類66％、卵3％で、魚介類が圧倒的に多い。また、2冊計1000種のレシピのうち、500種以上が肉や魚だったといっても、それは放送時の比率であって、実際に食卓に並んだ比率でないことは誰でもわかりますね。

となると、この料理本は、その時代にどんな食生活を啓蒙しようとしていたかを調べるのに役立つ資料ではないかとあたしゃ思っております。そのような資料であると考えてチェックしていると、新たな発見にも出会うのであります。「肉類篇」535種の料理の中、魚料理が355種もあるのですが、その中に刺身などの生食のものは、「鰹《かつお》のきじ焼」(たたき様のもの)と「鯛の霜降り造り」「甘鯛のたたきわさび酢」の3種のみでした。それ以外のすべてが、焼く、蒸す、煮る、油で揚げるという加熱料理ですね。

当然といえば当然でして、当時、生魚は漁師さんか、料理屋さんでなけりゃ食べられなかったんです。だって冷蔵庫ないし、冷蔵輸送できないんだもん。ラジオ放送で流すレシピだから、ごく一般の人でも入手可能な食材でなきゃならん。でも、入手可能には「金銭的に」と「鮮度的に」がありますな。いくらお金があっても、山梨県では生アワビはムリだったの。だから山梨では、醬油煮にして保存性をよくしたアワビが名物になったんですね。いわゆる「煮貝」ってやつです。

『放送料理一千集』を見ていると、今日の日本人がいかに刺身や寿司などの生食にめぐまれているかがよくわかるが、逆にじっくり煮たり、蒸して葛《くず》あんをかけたような滋味あふれる料理を知らない人ばかりになったんだな、とも思います。塩蔵の魚の塩抜きをして、そのひと切れを酒蒸しにし、だしのきいた葛あんをトロリとかける……ような料理が、この本には登場するのです。今じゃアナタ、どこぞの料理屋にでも行かにゃ食べられんようなものが、ラジオの前の卓袱台《ちゃぶだい》にのっかっていたのかもしれない。

ビフテキ1人前、約100グラム！

もうひとつ、この本からわかることは、肉や魚の摂取量なんですね。結論からいうと1人あたり、魚、肉といった動物性タンパク質の摂取量がいたって少ない。テキトーに抜粋したレシピから、1人前の魚、肉の分量をチェックしてみたら、こんなもんでした（資料39）。

1カ月の献立例を紹介したときにもとりあげたことですが、今日の食生活と比べると、はなはだビンボクサイ感じがしないでもない。魚料理、肉料理といいつつも、1人あたり100グラムを超えてるのはごく一部なんですね。それでもこの時代の料理本をトコトンチェックした私に言わせれば、この日本放送協会さんの本に出てくる料

メニュー	主材料	5人前分量	1人前分量
蒸《む》し鰈《がれい》	石鰈	80匁(300 g)	60 g = 60 kcal
鶏肉のトマト煮	鶏肉	50匁(188 g)	37.6 g = 68 kcal
鶏肉の鍬焼《くわやき》	鶏肉	70匁(263 g)	52.6 g = 95 kcal
蒸し鶏二杯酢	鶏肉	70匁(263 g)	52.6 g = 95 kcal
ビフテキの焼き方	牛肉		30匁(112.5 g) = 281 kcal
ヒレ肉のバター焼	牛ヒレ肉	800 g	160 g = 320 kcal
豚肉たまり焼	豚肉	100匁(375 g)	75 g = 150 kcal
豚肉酒蒸し	豚ロース	100匁(375 g)	75 g = 150 kcal
ハンブル・ステーキ	豚ひき肉	100匁(375 g)	75 g = 300 kcal
東坡肉《トンピーロー》	豚三枚肉	100匁(375 g)	75 g = 300 kcal

資料39 『放送料理一千集』掲載の料理にみる魚・肉類の分量
(「ハンブル・ステーキ」については何人前か記載がなかったが，その他の料理が基本的に5人前で紹介されていることから，5人前と類推した．カロリーは著者による概算の数値を示す)

理は、他の料理雑誌より肉や魚の量が多いほうです。同じ時代の主婦雑誌などでは、「筍の肉づめ」のひき肉が1人前20グラムだったりするのです。

昭和10年代、日本は中国へ侵出し、欧米を相手に肩をいからせておりました。食生活においても、「バタ」を使い、仏国料理をとりいれ、「一等国であるのだど!!」と言いたかったのかもしれない。それで欧米の料理を放送しつつも、実際の内容は野菜中心で、少々の動物性タンパク質をうま味の素《もと》として加えたものを食べておったのでしょう。

こうして見てみると、今日、食料自給率が40％といわれておりますが、昭和10年のレシピなら現在の国産で手に入る食料だけでも、自給可能ではないかと思えるのです。だってえ、塩魚ひと切れの葛あんかけってすんごくうまくってえ、ごはん、3杯いっちゃうんだもーんっ。

自分の食べもんは自分で作る

21世紀になりまして、BSEやら遺伝子組み換え食品やら偽装食品やらと、かまびすしい限りです。日本中一億総コメンテーター化して、「食の安全・安心……」という言葉があふれかえっております。一見正論にみえるから使ってるんでしょうが、みなさん、問題の「食」を他人の手にゆだねておいて、「安全なものを提供しろ」と言ってんですね。そこまで安全が欲しいのなら、ゆだねた食の提供側に対して十分な「対価」を支払うべきなんだけど、これがまたワガママで、「安けりゃ安いほどいい」とくるワケだわ。たわけたことです。人はみな善人と思いたけりゃそう信じていいが、毒の入ってるかもしれん食品でも食べていなさいとしか言いようがない。

そもそも1970年頃まで、食中毒なんざ日常的に起こっていて、今みたいな裁判沙汰にならないほうが多かった。自分のまわりでも、1960〜70年代に、近所の食堂で飲んだミルクセーキがあたって一夜にして死んじまった人、生ガキで死んじまった人など、よく聞いたもんです。食中毒なんざ、人類の歴史においては最大の死亡原因だったんじゃないでしょか？　それが近年の衛生管理の進歩でいちじるしく減少しただけのこと。

しかし衛生管理がよくなると、とたんに人間は防衛力を失い、「食の安全は製造側にある」と思い込んでしまう。まだ食べられるのか、すでに傷《いた》んでいるのかを考えようとも確かめようともせず、製造メーカーに責任をおしつけるだけ。悲しいことだが、この国の消費者の大半はそうなってしまってるようなんですね。そんな21世紀のニッポン人は、今一度昭和10年代の「自分の食べもんは自分で作る」という生き方を、見直したほうがいいんではなかろーか？　と思うのでした。

昭和10年代の梅干し作り

紀州・和歌山産の梅干し……と思って買ったら、中国から輸入した塩漬けの梅を和歌山でちょいと加工してるだけだった……なんて、今ではあたりまえです。中国で生産される梅について、その安全性は確かめられておるのかしら？　また、減塩ブームで塩分2～3％、へたすりゃ0％なんて梅干しもあるが、それらは梅干しの持つ殺菌効果がほぼないの。お弁当にそんな梅干しを入れちゃうと、入れないごはんより早く傷むこともあるそうだ。「日の丸弁当はごはんを傷ませない、おばあちゃんの知恵で……」なんてことをのたまうお方も多いが、あれは塩分が10％以上ある、しょっっっぱあいっ!!　梅干しだからいえることなんですね。

ノスタルジーだけを追いかける「おばあちゃんの知恵」なんかに背を向けて、理にかなった手作り食品の現場を昭和モダンの時代から学んでみたいと思うのです。

前にも眺めた、**「食料品の作方三百種」**には、もちろん梅干しの作り方も載っておりました(資料40)。作り方としては、このようにあります。

図(い)のように、梅を一夜水に浸《つ》けておき、(ろ)翌朝笊《ざる》に上げて水を切ります。これを(は)のように、瓶《かめ》に、梅一升、塩三合の割合でふりながら漬けてゆきますが、このとき決して梅を手で混ぜてはいけません。笊から梅を少しずつ瓶に入れては、塩をぱらぱらとふりながら入れてゆくのです。すっかり入れましたら、蓋をして目貼《めばり》をし、このまま十日ばかりおきますと、汁が充分出ますから、これを笊に上げて汁を切っておきます。

実に単純明快ですね。梅1に対し、塩0・3という割合だと塩分が強くて傷みにくい。そのうえ、梅を手で混ぜてはいけないとくりゃ、ますますカビることとから遠ざかります。手で触れりゃバイ菌も移りやすいですから。

紫蘇《しそ》もやはり出盛りに、梅一升に紫蘇一束の割に買い求め、よく洗って葉だけを摘み取り、(に)のように、擂鉢《すりばち》に一摑《つか》みずつ入れて、塩を少しずつふりまぜ、(塩は一束に三四合の割で)掌《てのひら》で擂鉢に揉《も》みつけながら、初めの間に出る汁はあくが強くて、黒い汁が出ますから、それを一二度捨て、三度目くらいから濃い紫色の汁になったのを、紫蘇の葉と一緒に梅を引き上げた瓶の汁の中に入れると、ぱっと鮮かな紅《くれない》になります。

これを、土用のお天気のからりと晴れた日に、外へ出して四五日天日に干しますが、あまり直接干すと、汁気が少なくなってしまいますから、（ほ）のように、梅干の笊を、この紫蘇の瓶の上にのせて干しますと、両方とも丁度よく干せます。

梅だけは、白く塩のふくまで、一ヶ月くらい毎日干します。

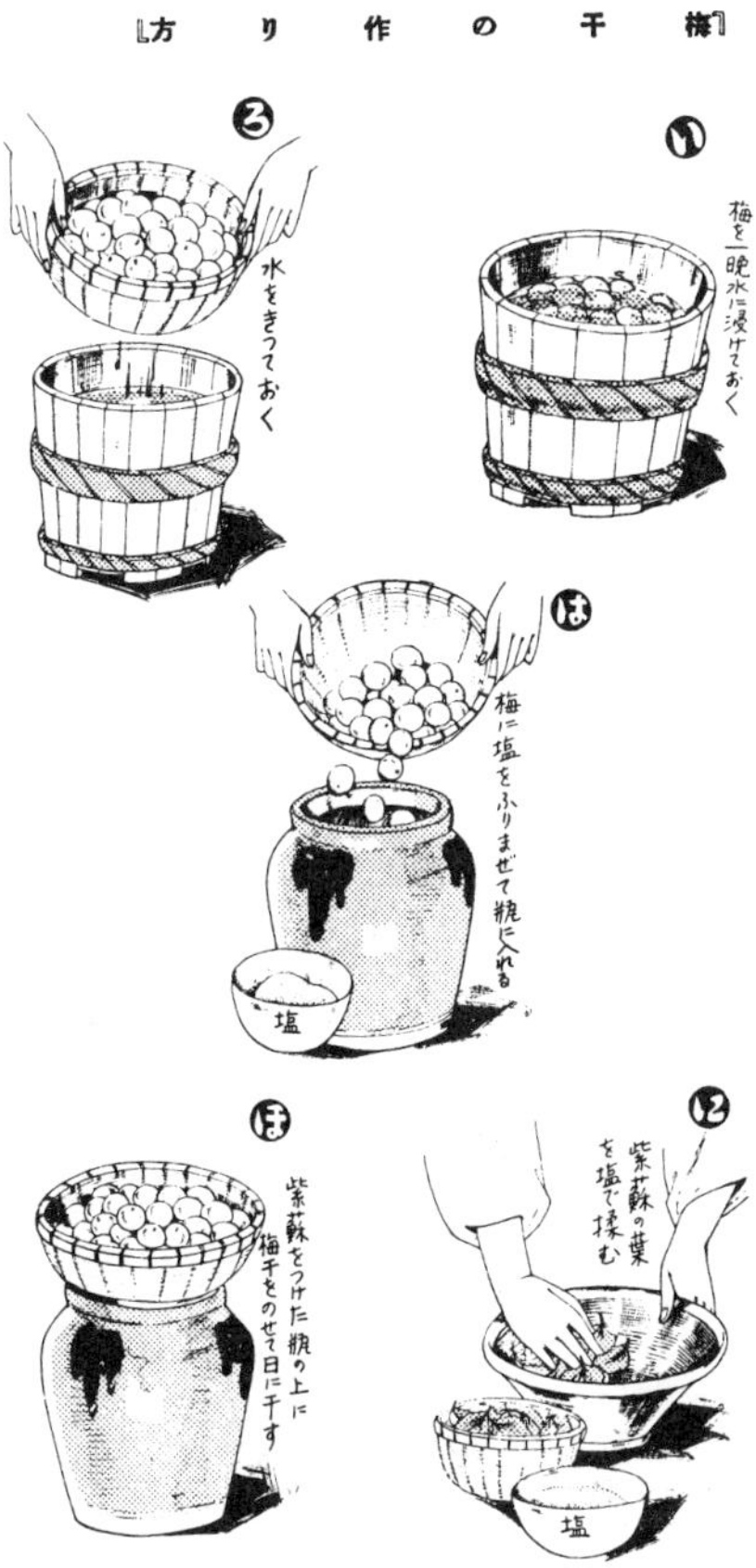

資料 40 「梅干の作り方」のイラスト
（「食料品の作方三百種」より）

この干した梅を瓶の中に入れて、天気が大丈夫だと思う夜、二晩ばかり外へ出して、夜露を当てます。

シソの塩もみも的を射ておりますな。もみはじめは黒っぽい汁が出るが、それは一度捨てるともう出ない。つまりアク抜きです。それを瓶の中の梅を塩漬けにしたときに出る白酢に入れると、本当に見事な赤い色がひろがるのです。

その赤ジソを塩漬け梅と一緒に瓶に入れて、もう一度漬け直す部分がこの本には書かれてませんが、瓶の中で梅と赤ジソを一緒にして2〜3週間漬けた後、ここにもあるように梅をザルにとって干します。これがいわゆる土用干しでして、このくらい塩分が強いと梅の表面が塩を吹いて白くなるのです。この梅をそのまま保存する方法と、再び梅酢(赤ジソの入った)に戻して保存する方法とがありますが、いずれの方法でもこのくらいの塩分があれば、そうそうカビはきませんので長持ちするのです。

納豆だって味噌だって

お次は納豆(資料41)。作り方としては、まず、水に浸した大豆を煮るか蒸すかして、

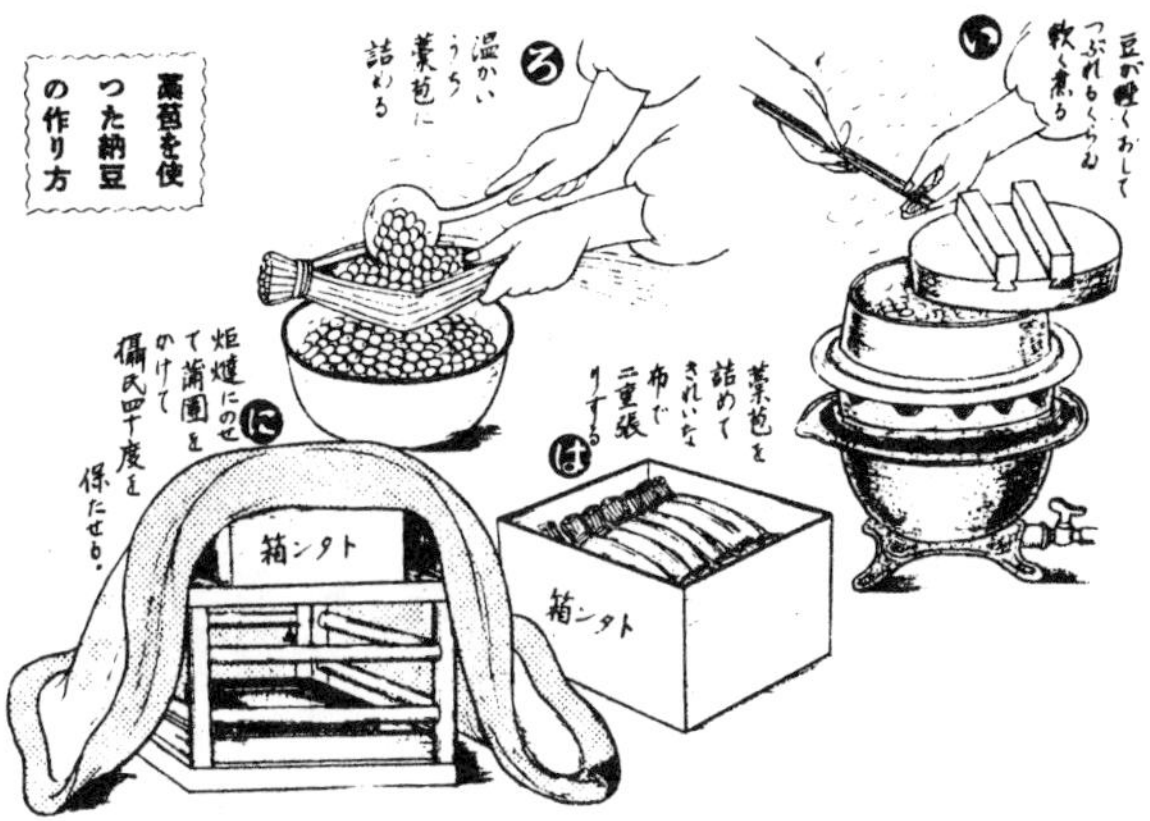

資料 41　「藁苞《わらづと》を使った納豆の作り方」のイラスト(「食料品の作方三百種」より)

温かいうちに藁苞《わらづと》に入れる。藁苞がない場合には、菓子箱やお重に藁を敷いて豆を入れ、さらに藁をかけて覆えばよいとも書いてありました。それをこたつで保温する。つまり、材料は大豆と藁苞だけです。

でも、藁がないんですわな、今日のニッポンには。しかし納豆菌だったら、東急ハンズにもおいてあるし、製造所から取りよせて買うこともできるのです。要は大豆をやわらかく煮ること、清潔な容器で仕込むこと、仕込んだ後は約40度を保つことで、納豆は作れるのでした。

さらに、今日、都会に住むアナタが

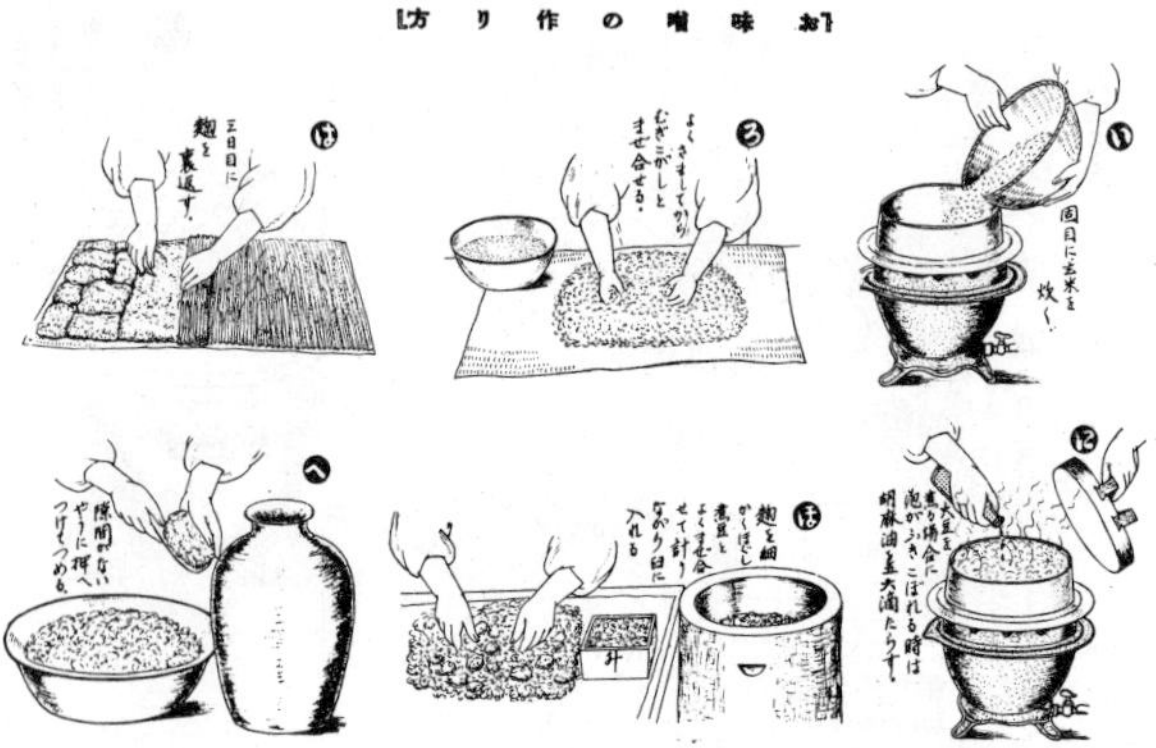

資料 42　「お味噌の作り方」のイラスト(「食料品の作方三百種」より)

納豆を作ってみようと思ったならば、市販の納豆を種にして作ることも可能なのです。やわらかくゆでた大豆に、その1割量の納豆を混ぜて容器に入れ、40度を保てる場所に2日間ほどおいておけばよろしい。冬ならこたつの中、夏は発泡スチロール箱に入れて日の当たる窓ぎわにおく。ただし、大豆を入れた容器のふたは少し開けて、空気の出入りは確保しなければなりません。かつてヨーグルトメーカーを使って納豆を作ったことがありますが、ふたをずらしておけば見事にできたてです。

ここにある味噌の作り方(資料42)は、まだやったことがありません。今日では麴《こうじ》を買ってきて、ゆでてつぶした大豆に混ぜますから、玄米を硬めに炊《た》いたところに「麦こがし」を混ぜる、という麹づくりをやる人はそうそういないのではなかろーか。

密造酒造りのおいさんは、自分で麹を作ったことがあるが、蒸し米に麹菌(売ってるもの)をふりかけ、35〜40度くらいに保つと、3〜6日で蒸した米が麹になるのです。造り酒屋では消毒した麴室で衛生的に作っています。味噌に必要なくらいの麹なら、温度を保ちやすい夏場のほうが作りやすいだろうが、味噌作りは雑菌の繁殖しづらい真冬に「寒仕込み」するのが一般的。まずは買ってきた麹で味噌作りに挑戦するのが、おすすめです。

スープを、ラードを、ソーセージを！

今なら買うのがあたりまえのものも、「食料品の作方三百種」では手作りの方法が紹介されています。まずはスープストックの取り方(資料43)。スネ肉100匁(375グラム)を4〜5センチくらいに切り、小麦粉をまぶして牛の脂肪で炒める。キツネ色になったら、水1升5合(2・7リットル)を加えて30分間放置する。次に強火にかけ、

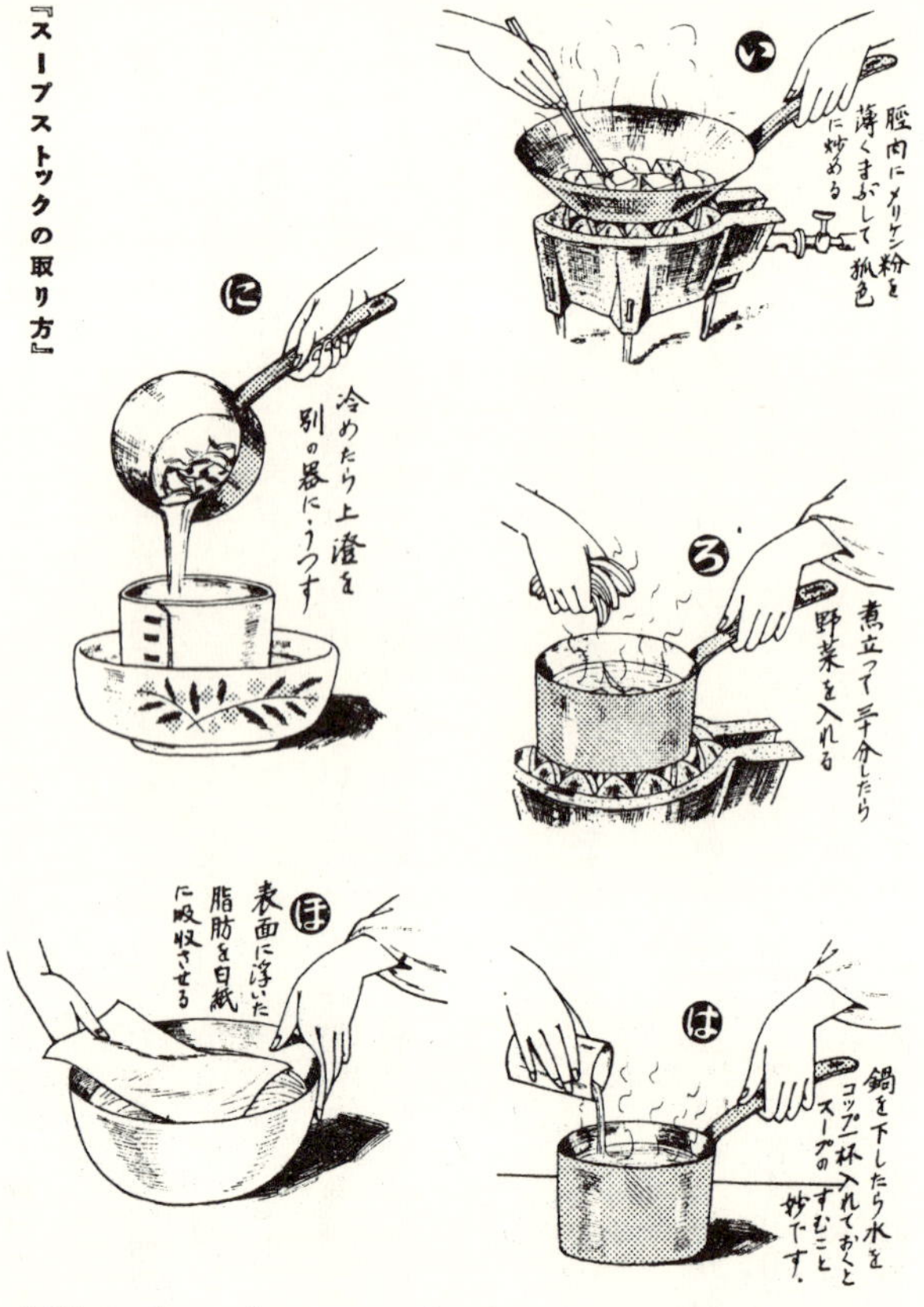

資料43　「スープストックの取り方」のイラスト(「食料品の作方三百種」より)

煮立ったら弱火で30分、その後、切ったニンジン1本、タマネギ2分の1個、セロリの葉2本を加えて4時間煮る。鍋をおろして水をコップ1杯加えて冷ます。「に」のように上澄みをとってから、表面の脂肪を紙で吸いとる。

これは基本的なブラウンソースの作り方ですね。最初にスネ肉に小麦粉をまぶして炒めることをせず、いきなりスネ肉をゆでることから始めると、ブイヨンとなるのです。

他に鶏ガラやテール、タマネギなどを使ったスープストックが何点か紹介されていますが、基本的には、弱火でコトコトゆでること、ニンジン、セロリ、タマネギなどの野菜を加えること、仕上げに脂肪をとることにつきるのです。

次の写真(資料44)は、豚の網脂肪《あみあぶら》からラードをとっているところです。これは豚の胃のまわりの脂肪網でして、中華鍋に入れて火にかけ、上からおさえつけると、おもしろいほどラードがにじみ出てくるのです。網脂肪でなく、白いかたまりの豚の脂身や牛の脂身の場合は、均一の大きさに切って鍋に入れ、脂身100匁(375グラム)につき、小さいコップ1杯くらいの水を加えて火にかけるとあります。

煮立って水分が蒸発してしまうと、今まではぐらぐら煮立っていた上面が、ただ

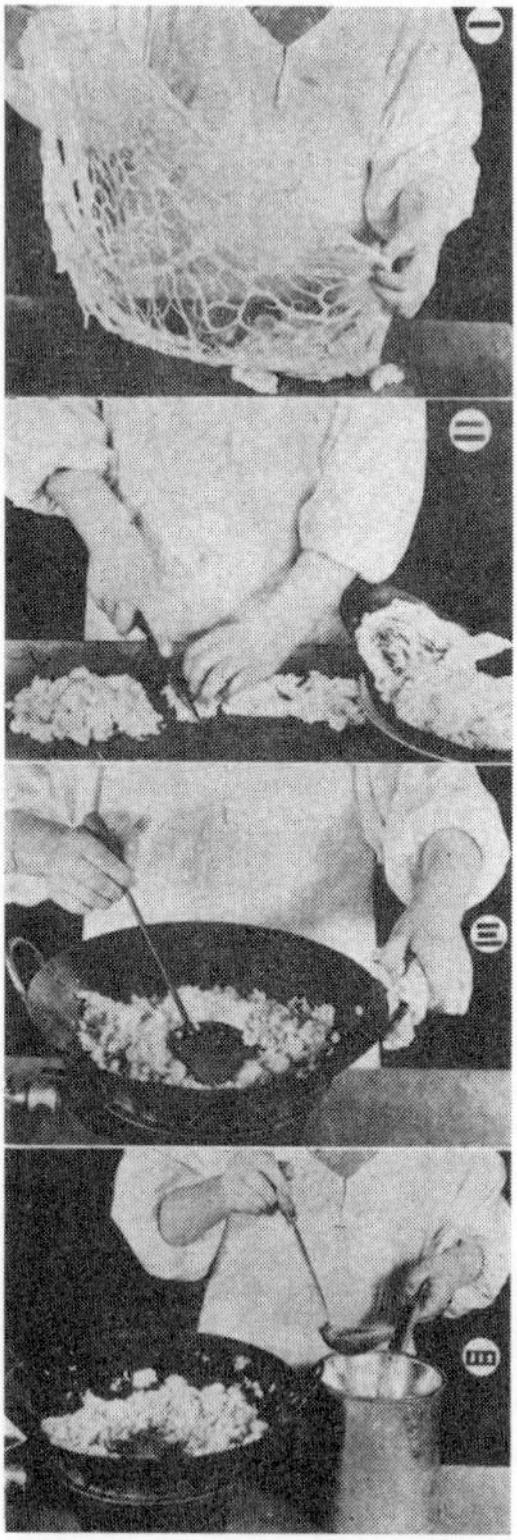
資料44　「豚の生脂肪の取り方」手順写真(「食料品の作方三百種」より)

煙がぽつぽつと立つだけで煮立たなくなり、香ばしい匂いがして来ます。と、これで脂肪だけになるんですね。その後、かきまわしてると脂身がカラカラのカスとなるので、金網で濾《こ》してラード(豚脂肪)orヘット(牛脂肪)をとります。

これはいたって簡単なうえ、質のいいラードやヘットがとれるのです。最初に水を少し加えとくというのがツボでして、水が蒸発した後、しばらくすると脂身が茶色のカスになるんですね。この脂肪をとった後のカスが、これまた煮物にするとウマイのでして、宮崎ではセシカラという名前で売っており、郷土料理にも使われている。肉がなくても、脂カスを使って野菜の煮物を作っておったんです。

家庭で作るソーセージの作り方も紹介されていました(資料45)。ソーセージは少々手がかかるので、より簡単なものとしては「ハム代《がわ》りの豚肉の塩漬」というレシピや、牛肉、牛タンの塩漬けも載っています。豚肉、牛肉、牛タンを塩水に漬けておくと、夏でも1カ月くらい常温で保存できるというのです。

たとえば、「ハム代りの豚肉の塩漬」の材料は、豚の赤身200匁(750グラム)に対して、硝石末＝硝酸カリウム3匁(10グラム強)、水6合(1080cc)、食塩80匁(300グラム)、赤砂糖5匁(約20グラム)。これらを溶かした水に、豚肉をまるのまま漬け込むのだそうだ。

牛肉や牛タンも、基本的に作り方は同じとあるので、豚肉ブロックでやってみました。いやいや、塩抜きに時間がかかります。5センチくらいに切って、真水たっぷりに丸1日浸してから、薄切りにしてゆでてみたら少ししょっぱいくらいの塩味だったんで、それを使って肉野菜炒めを作ったら、ちょうどいい塩かげんでありました。しかし常温で腐らないというのは本当でしたな。レシピにあった保存料、硝酸カリウムは、毒性のある食品添加物なので使いませんでしたが、それでも充分に日持ちしました。3週間くらいから、ちょっとにおったけど……。

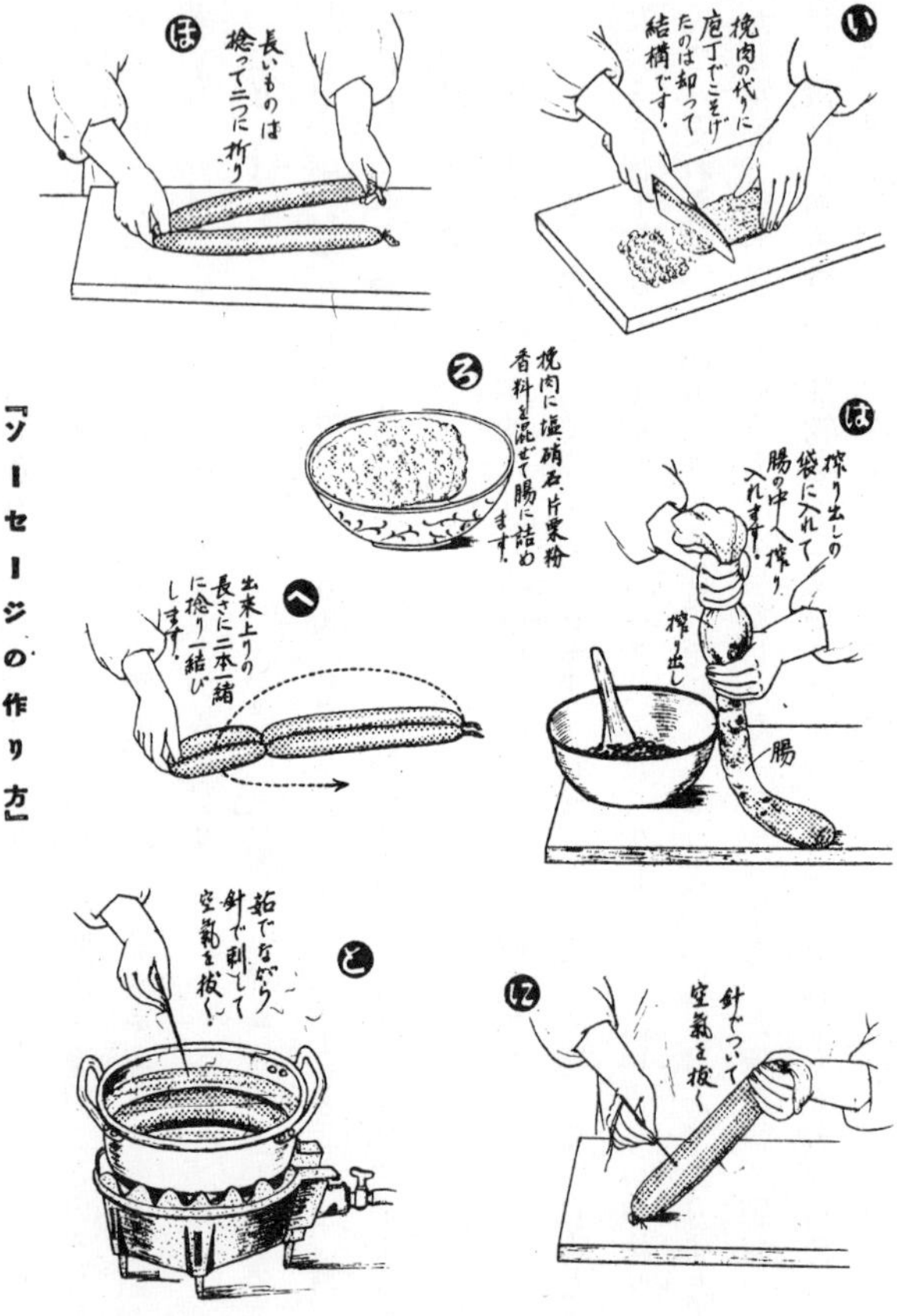

資料 45　「ソーセージの作り方」のイラスト（「食料品の作り方三百種」より）

昭和10年頃、食の安全、安心は、手作りで自分の責任としておったのだ。もちろん失敗もありましょう。失敗もあるからこそ、自分の五感をフル回転させ、安全を確かめておったのです。その頃、先人たちは海の向こうの中国やヨーロッパから伝えられたモダンな料理をドンドンとりいれ、いや、とりいれるばかりか、それらをアレンジして、今日の「日本食」にしてしまったのでした。

7章　浪漫あふれる、麗しのメニュー

外来和食の代表、カレー

今、我々が訪れている昭和モダンの時代は、まさに和洋中の食の融合時代でありました。明治維新があっても庶民の食生活にはたいした変化はなかったようだが、日清・日露の戦争後、「こんな世界もあったのか!!」というくらい、自分たちとは違う食生活を知ることになる。よってたかって中国を喰いものにしていた欧米諸国に負けてなるまいぞ！と日本も侵出してゆき、その結果、洋食や中華食も知ることになった。しかし我がニッポン人は、知るだけにとどまらず、それら異国の食文化をたちまち自分たちの食習慣と融合させ、一見洋食、一見中華食にみえるが、実際は和食であるというテリトリーにひきずり込んだんです。

当時の料理本には、本場のインドの人が見たら「なんじゃ、こりゃ？」とヒンズー語で言うことまちがいなしのカレーがぎょうさん載っております。しじみカレー、カレイのカレー焼き、大根のカレー煮、タラのカレー揚げ、白菜のカレー漬け、冬瓜《とうがん》のカレー、カレードレッシングのキュウリ、タケノコのカレー煮……抜粋しだすときりがないくらいカレー粉を使った汁物が登場するんですね。言ってしまうと、これまで味噌、醬油で味をつけてた煮物を、カレー粉と塩味にしただけのような料理がたくさん見られます。カレー粉に片栗粉、または葛《くず》粉《こ》を加えたりするのはまさに「じぶ煮」カレーバージョンでありましょう。この時代に日本のカレーを食べたインド人はきっとビックリしたことでしょう。カレーはすでに、完全に和食化しておったのです。

塩辛サンドイッチ⁉

この頃の料理本に必ずといってよいほど出てくるのが、「サンドウィッチ」(資料46)。たとえば、

食パンは軟《やわら》か過ぎぬものを求め一分《ぶ》か二分位の厚さに切り二枚ずつ合せて置きま

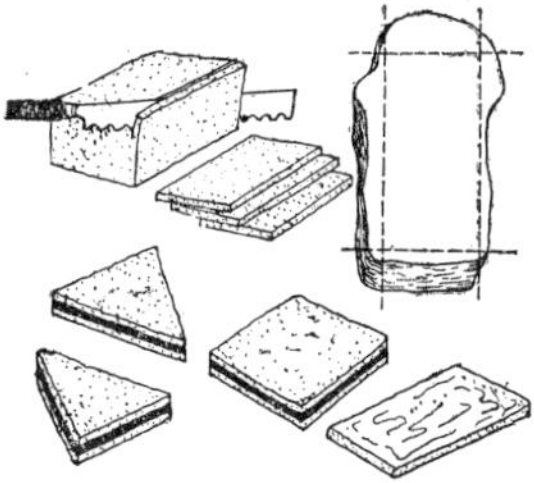

食パンの切り方

資料 46　料理本に紹介された，サンドウィッチのパンの切り方（左：昭和 9 年刊『家庭惣菜料理十二ヶ月』より）とサンドウィッチ完成図（右：昭和 11 年『家庭料理とその実際』より）

す。先《ま》ずハムはボイルドハムを五厘《りん》位の厚さに切り、玉子は茹でたものを黄白共に裏ごしにかけマヨネーズソース、又はバターでねって置きます。胡瓜《きゅうり》は皮をざっとむき、水洗いして薄く縦に切り塩をふり一寸《ちょっと》おいて水洗をした後《のち》布巾《ふきん》で水を切って置きます。バターは西洋芥子《からし》を適宜に交ぜます。そこで二枚ずつ合せたパンの一枚に芥子バターをぬりハムを一ならべに並べて他の一枚をかぶせ、胡瓜はバタ(ママ)の代りにマヨネーズでね(ママ)ってハムと同様にパンではさみ、玉子はマヨネーズで和えてありますから其儘《そのまま》前の様にパンにはさみます。以上の三つを順に重ねて湿った布巾をかけて軽くおしを掛けよく切れる庖丁で縁《ふち》を落し三角、四角又は短冊形に切ります。テーブルに出すときは皿に四角なナプキンを図の如く敷いて出します。

（昭和11年『家庭料理とその実際』朝野料理研究会編、精文館書店）

というふうに、ていねーに紹介されているのですが、これらのレシピを見て驚くのは、パンの厚さが1分〜2分（約3〜6ミリ）といった薄いものだということです。

そう、あの時代のパンは今日の食パンのような、ふっくらフワフワでなく、みっしりしたものだったようです。はさむものも、ごく普通にハムやキュウリが登場しますが、それはそれ、やっぱし融合達人の日本人です。焼きのりサンド、タラコサンド、コハダのサンド（酢じめにした寿司だねとして用いるあのコハダ）などが目につきますが、中にはイカの塩辛をはさんだ塩辛サンドまで登場しております。この時代の塩辛は前にも述べましたように塩分が強いから、よっぽど薄くぬらないと……。やってみたが、それでもやっぱりかなりしょっぱい。昭和10年頃のニッポン人は、サンドイッチを握り寿司やおにぎりとしてみていたのかもしれません。

パン料理といえば、食パン4分の1斤《きん》を使った、「洋風のすいとん」なるものもありました（昭和14年『主婦之友』1月号附録「冬の温かい経済料理の作方五百種」）。小さく刻んだ大根、ニンジン、ゴボウをだしで煮て、白味噌を溶き、ネギを入れる。古くて硬くなったパンを水で戻し、小麦粉を混ぜて塩で味をつけ、小さく丸めて、その味噌仕立てに入れるのだと。パンだってもともとは小麦粉じゃん？　スイトンにしたっていいじゃん？　てとこなんでしょうね。

華麗なる和洋中の融合

和洋中の融合料理はまだまだ続くのです。「馬鈴薯《じゃがいも》のホットケーキ」というものがあったが(昭和13年『主婦之友』1月号附録「冬の和洋料理千種の作方」)、もちろんふっくら……というわけにはいかない。おろしたジャガイモをしぼって卵を混ぜ、塩を加えて焼く……というのだが、これではホットケーキでなく、ベイクドポテトか変なお好み焼きでしかありません。

そもそも明治の頃からすでに、我が国の先人たちは西洋料理を「和」の世界にひきずり込んでおったのでした。フランス料理だったコートレットを、天ぷらのように大量の油で揚げるカツレツへと変え、やはりもとはフランス料理だったコロッケも、この国ではホワイトソースではなく、ゆでジャガイモを種として、和食コロッケに仕上げたんですね。「今日もコロッケ、明日もコロッケ、これじゃ年がら年中、コロッケ、

トマトを
輪切りに
したら、
布巾の上におき
餘分の水氣を吸
ひとらせると扱
ひよくなります

資料47　「トマトフライ」作り方のイラスト(「家庭西洋料理全集」より)

コロッケ」という歌が流行《はや》ったのは大正7年頃のこと。本場のコロッケがはだしで逃げてしまうほど異質なコロッケが、この国ではあたりまえのコロッケと認識されていました。これ、すなわち、日本食でしょ。

そのコロッケの世界に、これでもかっ!!と大和魂をそそぎ込むようなコロッケが昭和13年のレシピにありまして、なんと「蝗《いなご》のコロッケ」(昭和13年『主婦之友』10月号附録「**和洋一菜料理の作方三百種**」)。干した乾燥イナゴを焙烙《ほうろく》で炒《い》り、粉にしてコロッケに使っているのです。翌年には、栄養価の高い理想的な食品だと、イナゴの佃煮《つくだに》とコロッケを勧める運動も起きたそうだ。

ちょいと変わった揚げものが「トマトフライ」(昭和12年『婦人倶楽部』5月号附録「**家庭西洋料理全集**」)。このイラスト(資料47)のとおり水気を切って、あとは小麦粉、卵、パン粉、と普通のフライと一緒であります。これは強火で30秒くらい揚げるとスコブルうまい。トマトの種はとったほうがよろしいです。種があると、崩れて油がはじけますんで……。

　こんなのも……と思ったが、けっこううまかったのが、「林檎《りんご》の天ぷら」(「冬の和洋料理千種の作方」)。芯を抜いたリンゴを1・5〜2センチ厚に切り、砂糖をまぶしてから小麦粉、卵の黄身、泡立てた白身を混ぜた衣をつけて、油で揚げるとなっておる。甘いもののだめなこのおいさんは砂糖抜きでやってみたが、それでも十分に甘い。しっかり泡立てした卵白がふっくらした衣を作ってくれたなかなかのものでした。

　即席シュウマイというものも、この頃よく目につきはじめます。即席というのはシュウマイの皮を作らずにすませるということなんですな。今みたいに、スーパーでギョーザやシュウマイの皮が売られていなかったので、皮は家庭で小麦粉に水を加えて作らねばならなかった、その手間をはぶくものとして即席シュウマイが考案されたのでしょう。

「お惣菜向きの洋食と支那料理三百種」(昭和14年『主婦之友』4月号附録)の「即席シウマイ」レシピによれば、ひき肉100匁《もんめ》(約380グラム)、貝柱10個、ネギ1本、青豆少々を細かくして混ぜ、塩、砂糖茶さじ1杯ずつ、片栗粉茶さじ4杯を加えて団子にまるめ、小麦粉をまぶして20分くらい蒸す、とあります。また別の「冬の和洋料理千種の作方」にあった「即席シューマイ」では、ひき肉、みじん切りネギ、卵、塩、つなぎの片栗粉で作り、小麦粉と片栗粉の順にまぶして蒸すとありました。やってみましたが、これはシュウマイというより、肉団子って感じでしたな。シュウマイの中身の肉……がわからん。小麦粉団子のひき肉入りという感じですね。たしかに形はシュウマイっぽいが……。

今さらながら、昭和モダンの先輩方はすごいです。そば粉で打った手打ちそばで中華の焼きそばをやってみて、「十分においしゅうございます……」という記述も見たことがあるし、昭和9年の『家庭惣菜料理十二ヶ月』に載っていた中華料理「蘿臼蜆《ローパーピン》肉《ヨク》」の主要材料はたくわんなんですね。

驚いたことに豚のベーコンの茶漬けもあるし、ゆでた豚ブロックを醤油漬けにしておき、それを薄切りにした肉でお茶漬けなんぞをやっております。エスニックとか、無国籍料理とか、すでに昭和10年頃にやっていたんですね。

外国の食文化がどーであれ、「ワシらはじぇーんぶ和風にしちゃるけんネー」の勢いでニッポン人は新たな和食を構築していったのでした。当時は、政治的経済的な侵略戦争のまった只中でしたが、食習慣、食文化の侵略はおとがめなく、それはヒタヒタと今日まで続いておるのです。

その頃、本家の洋食や中華を和食に取り込んだニッポン人のテクニックを、もっと見てみましょか？　今日から見ると、明らかに偽装といえましょうが、当時は、努力と工夫だったんです。

似て非なるもの

明治の終わり頃から昭和初期にかけて、欧米や中国から移入されてきた世界の食べもの、飲みものを、この国の人びとは身近なもので作ってみております。模倣の名人ニッポン人などといわれておりますが、中には模倣から生まれた新食品もあって、まんざら罪でもないのです。というよりは、身近な食材で作ってみようではないか‼というバイタリティに学ぶところがあるように思えるのでした。

たとえば、ウイスキー。スコッチやアイリッシュなどのウイスキーはモルト(麦芽)以外、何にも混ぜてはイケナイのだそうだ。だから本場の人にいわせると、香料やアルコールや水などを加えたニッポンのウイスキーは、まるでウイスキーではないということになる。しかし日本人にとっては、琥珀《こはく》色をしていて、アルコール度数が39〜45%あって、独特な香りと味がする液体であれば、それはすなわちウイスキーということになるのでした。

現にサントリーのトリスウイスキーの始まりは、「樽に詰めたまま放置していたリキュール用のアルコールが思いがけず、時間の経過でコクのあるまろやかな味わいに変わっていた」というもので、それを、「うまい！　いけるやないか！」と大正8年に売り出したら、瞬く間に売り切れたという(SUNTRY on the Web「トリス年表」)。そりゃ、今風に言えば、ニセウイスキーなのかもしれん。

しかし、ヨーロッパでバター不足になったとき、ナポレオンは代用バターを作らせ、それが今日ではマーガリンの名前で市民権を得ている。だからニッポンのウイスキーも、まっとうなウイスキー作りを進める一方、堂々と安い第2のウイスキーってのも売り込んでいいのではないか？

本書で何度も紹介している**「食料品の作方三百種」**にも、驚くべき模倣メニューの数々が載っておりました。それらを中心に、すばらしき偽装メニューを、次に紹介します。

スピード・マヨネーズ　ネーミングがすばらしい。作ってみると「なるほど」とわかるネーミングです。普通のマヨネーズ作りは、油をゆーっくりたらしつつ、卵黄と酢を泡を立てずに攪拌《かくはん》しなけりゃならん。まことに退屈な作業なんですが、これは原材料を瓶に入れてシェイカーよろしくシェイクするのみ。材料は、酢4分の1カップ、サラダ油4分の1カップ、コンデンスミルク3分の2カップ、卵黄1個、西洋カラシ小さじ1、塩小さじ2分の1。これらの材料をイラスト(資料48)のようにぜーんぶ瓶に入れる。瓶に栓をしたら、リズミカルにシャカシャカとシェイクする。

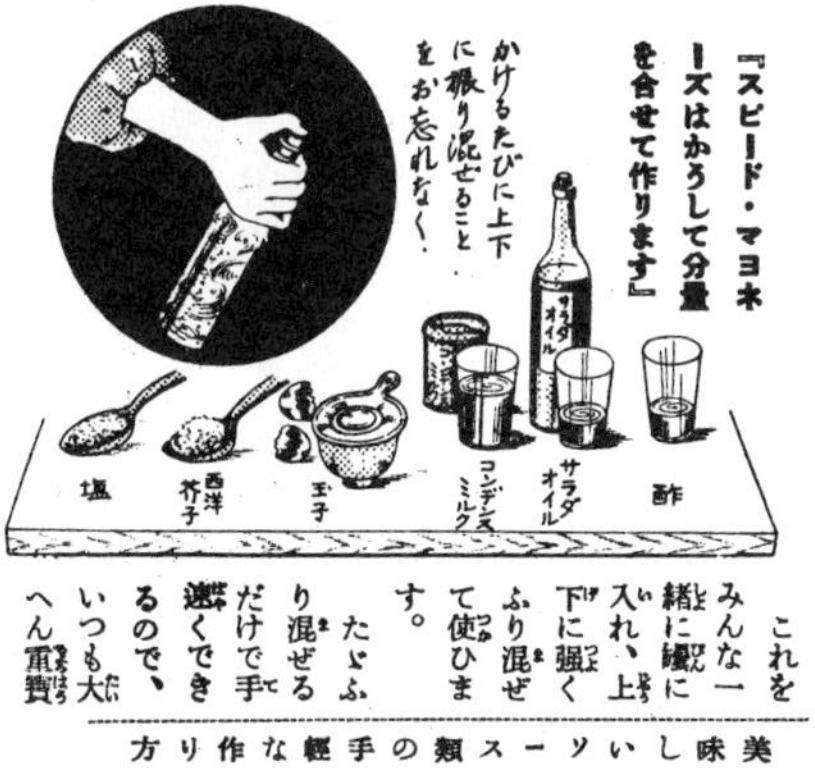

資料48　「スピード・マヨネーズの作り方」のイラスト(「食料品の作方三百種」より)

早速作ってみたですよ。400ccくらいの広口マヨネーズ瓶を使うと、ちょうどいい大きさでした。瓶に材料を入れ、電蓄でザ・ピーナッツの曲をかけ、そのリズムにあわせてスマイリー小原のようにクネクネ踊りながら瓶をシェイクすること30秒で、あらま不思議、ネットリとした「見た目はマヨネーズ」ができあがっておったのです。マヨネーズ作りはへたすると油が分離してしまいがちですが、この作り方だとまず分離はない。コンデンスミルクが乳化剤になっておるのでしょう。

なめてみるとやや甘いが、全体としてはマヨネーズでした。コンデンスミルク入りなので甘さはしかたないが、「お子様マヨネーズ」とか「スウィーツ用マヨネーズ」とかネーミングすれば売れるかもしれないスピードマヨネーズです。

ウォスターソース　ウォスターソース、またの名をウスターソース。たしかイギリス・ウォースターシャー地方で作られたことからつけられた名前だと思うが、昭和10年頃のニッポン人にとっては、そんなの関係なかったのでしょう。材料を見てくださいまし。イギリスの方、見ないでくださいまし、プリーズッ。

醤油5合(900cc)、みりん5勺《しゃく》(90cc)、酢1合(180cc)、ショウガ1個、赤トウガラシ2本、タマネギ1個、ニンジン1本、だし昆布5寸(約15センチ)、粒コショウ20粒、赤ザラメ大さじ5杯、その他に、セイジ、タイム、ルリー(セルリーの脱字?)、丁字《ちょうじ》などの香料少々。

そして作り方は、ショウガ、赤トウガラシ、香料を細かく刻み、ニンジンとタマネギは乱切り。これらを2合(360cc)の水にだし昆布と一緒に入れて、中火で半量にまで煮詰める。醬油を加えて弱火30分。酢、みりん、砂糖を加えて20分煮詰め、布巾で漉《こ》す。

ニンジン、タマネギ、粒コショウに香料のたぐいはわかるが、みりんに醬油ときたか。たぶん腕のいい料理人がウォスターソースをなめながら再現努力をしたのでしょう。これを読んであたしも今ひとたびウォスターソースの味を分析してみました。味の分析って、ソースを水で薄めてなめながら、その特徴を書き出してゆき、しょっぱさの再現には何を使うのか？　とか、この香りを出すには何がいいか？　を埋めてゆくんですが、たしかに、日本でフツーに入手可能な食材で埋めてゆくと、このレシピに近づいてしまうんですね。でもこれをウォスターソースと表示すると、ガンコで一途で伝統を重んじるイギリス人に怒られるから、表示方法としては「ウォスター風ソース」とか「ウォスターソースの正しくない作り方」としなけりゃなりませんね。

ピーナッツ・バタ　現在市販されているピーナッツバターは、すりつぶしたピーナッツと油脂、塩、砂糖などを混合させたものが多いですが、ここで紹介されてるのはまぎれもないピーナッツバター、イヤ、ピーナッツのすり身です（資料49）。いわゆる

資料 49　「ピーナッツ・バタの作り方」のイラスト（「食料品の作方三百種」より）

カラつき落花生をむいて、粉挽器《こなひきき》(肉挽器)ですりつぶすのですが、やってみると、二度びきしてもまだ粒が残っていてバターらしくない。やはりすり鉢で細かくするべきでしょう。バターやマーガリンのようななめらかさはないが、こってりしたコクはある。塩と砂糖を少し加えたものをパンやゆでジャガに塗ったりするとなかなかうまい。カレー作りのとき、ココナッツミルクの代用にしてもいいものでした。

肉代《がわ》りのミート

「代用肉」なんちゅう言葉が脳裏をかすめるのは古い人間ですね。かつて人造肉などの呼ばれ方をしていた大豆タンパクを使う「肉もどき」のルーツがこれでしょう。材料は、大豆1と3分の1カップ、先の「ピーナッツ・バタ」を3分の2カップ、水3分の2カップ、塩茶さじ2・5杯。一晩水に浸した豆の水気を切って粉挽器で2～3度ひき、ピーナッツバター、水、塩を加えて混ぜ、ふた付き缶(厚手のもの)に9センチくらいの厚さで詰め、ふたをして鍋に入れる。缶の高さの3分の1まで湯を入れ、鍋にふたをして3時間ほど蒸す。

簡単に言うと、蒸した大豆パテですが、たしかにしっかり固まっておりますので、薄切りにしてバター炒《いた》めや、細かく切ってシチューに入れるというのもわかりますな。

この大豆タンパクは、現在の肉加工品(市販のハンバーグなど)の増量剤としてよく使われておりますが、缶詰や乾燥したものも売られており、ベジタリアンの人も好んで使ってるようです。

玉子のチーズ　チーズと申しますと、いかにも作りにくそうなもの、そして高価なものとお思いになるでしょうが、玉子のチーズは、デパートや食料品店で売っているヨークチーズを、御家庭向に道具なしで出来るようにと考案してみたもので……と書かれておりますが、牛乳で作るチーズを卵で作っちゃおうってんだから、偽装とかまがいものなどと言ってはイケナイ。チーズとは別の食べものと考えればいいのです。

写真(資料50)の①ように、バットにガーゼを敷き、その上に塩を敷く。塩は卵10個に対して5匁くらい(20グラム弱)。その上に卵黄のみを少々間隔をとりながら並べる。半日くらいたつと黄身の水分が抜け、半熟卵のようになり箸ではさめるようになる。これを②のように瓶にとり、残りの塩も加えて密封し、涼しいところで保存する。4週間目くらいから食べられる長期保存可能なものだそうだ。瓶から出すと黄身が発酵してあめ状になってるので、それをバットに移し、味の素などで好みの味に調え、杓《しゃく》子《し》で練り混ぜる。すると黄身が固まってくるので③のようにパラフィン紙の上におしつけるようにして、パラフィン紙で形どる(チーズみたいな形に)。しばらくおくと、カラカラに固まって、卵チーズのできあがり。

瓶に入れて目張りをしておけば、涼所で半年くらいの保存ができるという。これをチーズのように切って食べたり、おろし金でおろして使うと書いてありました。こわ

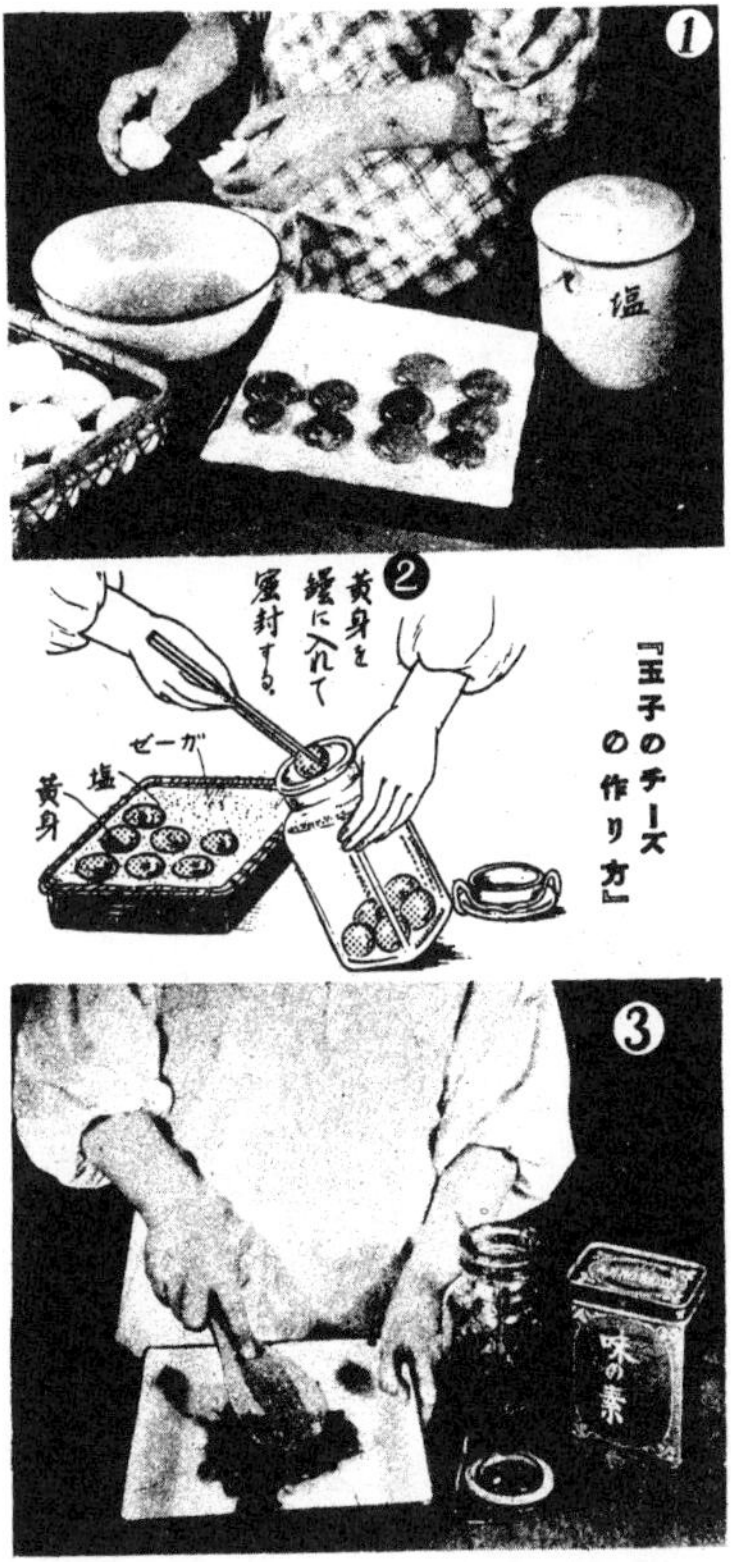

資料 50　「玉子のチーズの作り方」手順写真とイラスト(「食料品の作方三百種」より)

いもん食べたさ(?)で黄身を2個使って作ってみました。たしかに箸でつまめるようになるし、1カ月たてばネットリしてきます。それを練ると、すぐにねちょーと硬くなり、ラップで形どると、丸1日でけっこう固まる。チーズの黄色よりやや赤みがかった黄色というか……。しかし何たってしょっぱい。ヨーロッパの何とかいう塩蔵チーズ、あの味に近いものがありました。

玉子のからすみ(資料51)　からすみを名物としている長崎の皆様、ゴメンナサイ。昭和10年、なんと大阪栄養研究所の方が考案なさったようです。しかもこの研究所から「栄養からすみ」の名前で発売されてる「専売特許品」なので、もし商品化したいのでしたら、研究所に相談してくれとのことです。これは、「食料品の作方三百種」ではなく、昭和10年『主婦之友』の8月号附録「玉子の和洋料理法」に載っていたものですが、作り方は先の卵のチーズと同じで、卵を塩漬けにし、貯蔵瓶に4週間。その後、杓子でかきまぜ、肉挽器で何度もひいてから、形状を整えて、パラフィン紙で包む。細長いソーセージ状もあれば、筆箱状もあるようですが、筆箱状のものを薄く切ったのが下の写真なんでしょょね。うーん、まるでカラスミ。先の卵チーズより、完成度、疑似度は高いようですね。

専売特許をとってるだけに、作り方、食べ方にも説得力がある。まず黄身を塩漬けにすると、当初52%の水分が22%にまで下がるそうだ。だから傷《いた》みにくいんですね。このからすみをすりおろしてホウレンソウなどのおひたしにかけると、ビタミンA・B・Dを含んでいて栄養満点である。また、おろしリンゴとおろしからすみを合わせると消化もよく、結核患者にオススメできるほど栄養価が高いという。そのほかに、

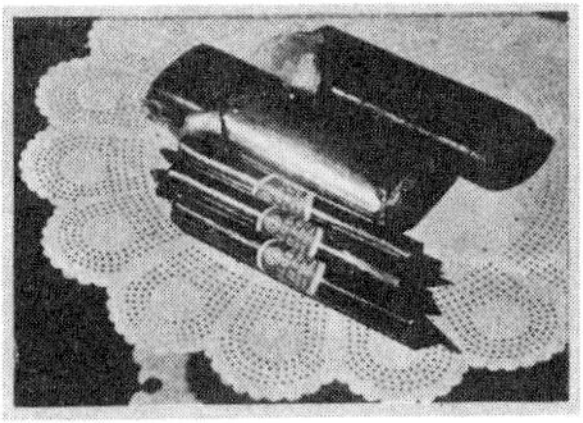

『玉子のからすみ』

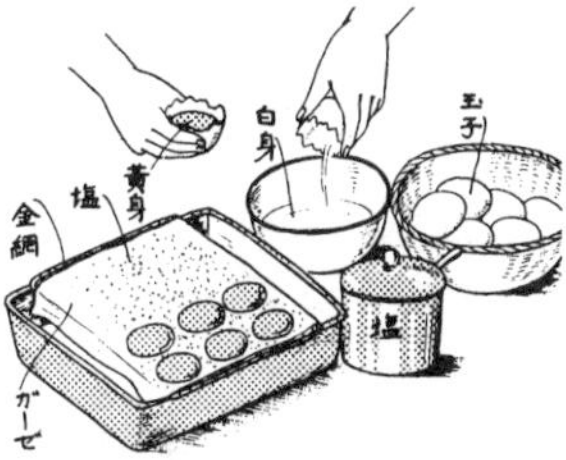

『からすみの作り方』

『薄く小口切にしたからすみ』

資料 51　「玉子のからすみ」完成写真(上)，作り方のイラスト(中)，食べ方例の写真(下)(「玉子の和洋料理法」より)

資料 52　著者作製の玉子のからすみ(右：塩で水分を抜いて発酵させた黄身，左：黄身5個で成形したもの)

サンドイッチ、スープ、酢のもの、削ってでんぶ代わりに、などなどの使い道が紹介されておりました。

で、この変なおいさんは何度か作ってみたのですが(資料52)、これがアナタ、生臭くなくて美味なの。本物のからすみより食べやすいと思ったのは、本物を買えないビンボーおいさんのひがみでしょうか？

ソフトドリンク　当時すでに、ソフトドリンクという言い方があったんですね。材料は、煉乳(コンデンスミルク)を水で5倍に薄めたものを1合2勺(216cc)(これは、コンデンスミルク1合2勺を水で5倍に薄める誤りか)、白砂糖150グラム、クエン酸4グラム、オレンジエッセンス2滴、レモンエッセンス1滴。ボウルにコンデンスミルク液と白砂糖を入れて混ぜ合わせ、湯で溶いたクエン酸を1滴ずつ入れながら4〜5本の箸で強くかきまぜる。手早くやらないと酸で牛乳タンパクが固まるので気をつけること、とある。その後、エッセンスを加えて香りづけして、できあがり。

この原液を氷水で4倍に薄めて飲む……とあるが、なあんだあ、カルピスじゃんっ。これなら私が子どもの頃(昭和30年代)、うちの母も作っていたし、近所の豆腐屋でも一升瓶入りで売っていました。味は、というと、「田舎のカルピス」といった、なんとも懐かしいというか、侘びしい味でしたな。とても初恋の味とは言えない。しいて言うならば「おねしょを思い出す」味とでも言いますか……。

他にも昭和10年頃のレシピにあったのが、**玉子の代わりにヤマトイモ**を使うという方法。卵が高かったんですねー。フライを揚げるときの衣に使う卵を、ヤマトイモで代用しちゃおうというもの。卵1個に対し、ヤマトイモ15匁(約50グラム強)をすりおろし、水90ccを加えて混ぜ合わせたものに、揚げる材料をどっぷりと浸《つ》け、パン粉をまぶして揚げる。

また、フリッターのときにも、卵の代わりにヤマトイモと牛乳、溶かしバター小さじ4杯、メリケン粉(小麦粉)を加えてかきまぜたものを衣として使うのだそうだ。また、ハンバーグなど、ひき肉と卵を混ぜる料理のときも、ヤマトイモを代用するとよろしい、とありました。

この卵の代わりのヤマトイモという手法、はからずもうちでよくやっておったのです。歯の悪いおばあちゃん向きのハンバーグを作るときヤマトイモを用いると、ハンペンみたいなふんわりした食感で、やわらかくできるのでした。

するめの串カツというのもありました。別にだまくらかそうというのではないが、普通、串カツといえば豚肉、という先入観があるのだが、この頃、スルメで串カツを作っておったというのです。一晩水に浸けてやわらかくしたスルメを、幅7〜8分(約2〜3センチ)、長さ1寸5分(約4〜5センチ)に切り、ゆでたジャガイモを切ったのと交互に串に刺し、小麦粉、溶き卵、パン粉の順でつけて油で揚げる。

見た目はもちろんスルメとは思えないが、豚肉とも思えない。以前コミック雑誌『週刊ヤングサンデー』で、「おかわり飯蔵」という料理漫画の原作をやりましたが、その中に、このスルメ串カツを登場させたことがあります。作画の大谷さん、担当の荻野さんと3人で食べてみたが、まあなんとも噛《か》み応《ごた》えのある串カツでしたわ。しかし、ビールをやりながらの串カツとは言いにくい。駄菓子っぽい串カツでして、酒を飲むとすれば、厚手のグラスにたっぷりつがれた25度の焼酎《しょうちゅう》ってとこですね。

昭和モダン時代のニッポン人は、欧米や中国からもたらされた洋風・中華風の料理を身近にあるものでなんとか再現しようとしておったんですね。その創造力、チャレンジするバイタリティに見習うものがあるような気がしますなあ。世界中からあらゆる食べものをかき集めて、飽食を楽しんでいるつもりの現代人に、この頃の日本人のような創造力、バイタリティ、食にたいする謙虚さがあるだろうか？

8章　母の「愛」はとどまるところをしらず

ジュースという名の密造酒

昭和モダンの頃、嗜好品も工夫をこらして、家庭で作られていました。今の時代、ジュースは買ってくるのがあたりまえになってるが、昭和30年代にいわゆる粉末ジュースが発売されはじめるまでは、家庭で作るかレストランで飲むしかなかったんですね。では、昭和10年頃、どんなふうにしてジュースを作っていたのか？　またまた、**「食料品の作方三百種」**に登場してもらいましょう。

生葡萄《きぶどう》のジュース　材料は黒ブドウ1貫目（4キロ弱）と白砂糖400匁《もんめ》（1・5キロ）のみです。まずは房のまま水洗いしたブドウをザルにとって1日陰干しにする。きれいにした甕《かめ》に房からちぎってつぶして入れる。1寸くらい(約3センチ)の厚さになったら表面に砂糖をふりかけ、その上につぶしたブドウ……と、砂糖と交互に重ねてゆく。砂糖は、下層は少なく、上層は多くする。この甕にふたをして油紙でおおい、紐でしばって涼しい床下などに10日ほどおいておくと、皮が上に浮いてきてぷーんとブドウのいい香りがしてくる。穴杓子《あなじゃくし》で皮をとりのぞき、ガーゼ2枚で漉《こ》して一升瓶に6分目ほど詰め、キルク(コルク)の栓をしておく——とありましたが、問題はこの後の注意書きですな。

あまり罎《びん》にいっぱいに入れますと、破裂して罎がこわれ、折角《せっかく》の苦心も無駄になります。……また一年ほど経ったのに、まだ酸味があるときは、そのままもう三ヶ月ほど蔵《しま》っておけば、また元へ戻ることがあります。

これがジュースに関する注意書きだろうか？　こりゃまちがいなくワインですぞ。ブドウにくっついてた天然の酵母でブドウの糖分がアルコールと二酸化炭素になる。これを発酵と呼びますな。しぼって瓶に詰めても瓶内発酵は続いていますから、CO_2も発生する。瓶が割れる以前に栓がふっ飛び、中のジュース？が噴水のように噴き上がるのです。まちがいない、これはワイン密造の手引きだったんだ。密造酒歴

25年のプロが断言します。ワインであるからこそ、酸味が「元へ戻ることがあります」というふうに熟成するんですね。

この作り方を試してみるなら、瓶詰め後、資料53のようにして保存しておくと、栓がふっ飛ぶことはございません。老婆心ながら。Aで発生したCO_2が、Bの水の中にブクブク出るが、Aの口を密閉しておくことで、ブドウジュース？に雑菌が入るのを防ぐことができるのです。

葡萄ジュースというレシピも「生葡萄のジュース」に並んで載っておりました。こちらはイラスト(資料54)のように作ります。ブドウの実をよく水洗いしてから、ひたひたの水で約20分間煮た後、木綿の袋でやさしくしぼり、ブドウ汁3に対し砂糖1の割合で混ぜ、再度火にかけて20分ほどアクをすくいとりながら

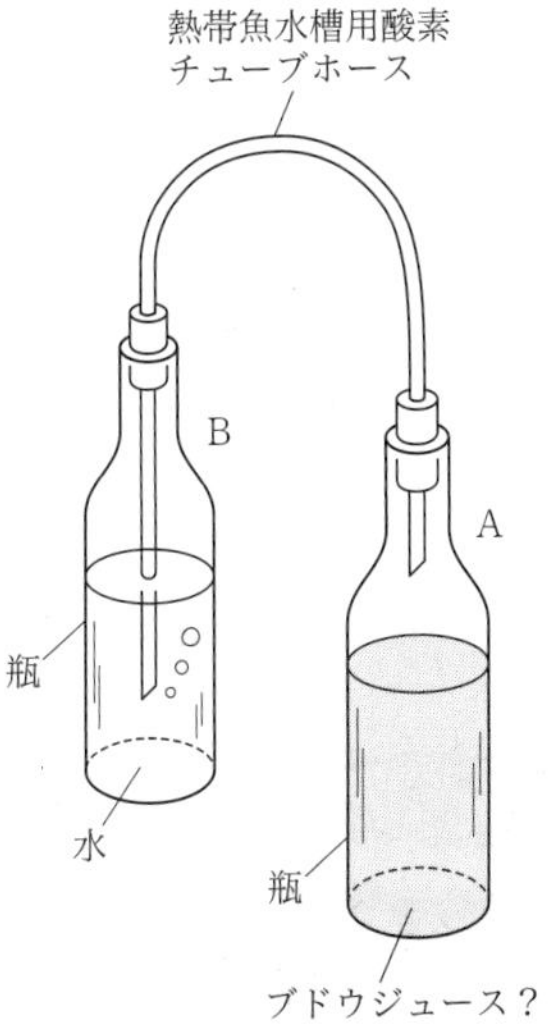

資料53　発酵中のアルコールの保存方法例

資料54　「葡萄ジュースの作り方」のイラスト(「食料品の作方三百種」より)

煮る。別途、水を詰めた瓶を「に」のように湯せんにかけて消毒し、これを空けた瓶にブドウ汁を詰める。栓をした後、栓に「赤チャン」(赤チン、あるいは皮膚糸状菌などの発育防止効果が有るチアントールをつけるという意味でのチアン⇓チャンか?)をつけて消毒とする。なるほど、これならブドウジュースですな。

問題は、このレシピの一文です。

アルコール分がありませんから、お子様や御病人の飲物として結構です。

——ってことは、このひとつ前に載ってた「生葡萄のジュース」って、明らかにワインであると知ったうえでのことではないか。

固煉《かたねり》甘酒　今時は甘酒も買ってくることが多いでしょうが、もちろん昭和10年頃は、おうちで作っておりました。この本に出ていた作り方は、酒粕から作る甘酒ではなく、麹《こうじ》から作るものです。イラスト(資料55)にあるように、もち米1升をふかしてつきつぶし、麹2枚(ということは板麹だと思う)をほぐして混ぜる。それを壺に入れた後、湯ざましを半分くらいまで入れてふたを開けておき、すっかり冷めたら、もう一度全体を十分に混ぜ合わせ、ふたをしておく。さらに、

一週間くらいしますと、甘味が出て、美味しくなりますから、乾いた木杓子《きじゃくし》で、

資料55　「固煉甘酒の作り方」のイラスト(「食料品の作方三百種」より)

> 上側から、平《たいら》に使うだけずつを取って、あとは、そっとしておきます。日を経《ふ》るに従ってますます甘味が出て、大へん美味しくなります。

としめている。……ワタクシ、密造酒歴25年。まちがいない、これはドブロクです。

ふかした米をつぶして麹と混ぜ、壺に入れる。このとき、米と麹は十分に冷めてるはず。そこに湯ざましを入れるとあるのは、約60~70度の湯を米と麹の全分量の50%入れるという意味でしょう。これで米、麹、湯ざまし全体の温度は40度そこそこになるはずです。これで酵母菌も活性して、米のデンプンをセッセと糖分に変え、甘酒になってゆく……ゆくのだが、「日を経るに従ってますます甘味が出て」くるでは終わらないのだ。その後、甘みが急速に薄れてゆくはずです。

そのメカニズムは——米を蒸す↓α化したデンプンと(麹の持つ)酵母菌と水がひとつになる↓デンプンが糖に変わり、甘みを出す↓その糖分がやはり酵母の力でアルコールとCO_2になってゆく。

これがいわゆる発酵でして、このレシピは甘酒から先をはしょっているんですね。この発酵を止めたければ、甘酒になったところで瓶に詰め、60度の湯せんで30分ばかし温めればよいのです。おいさんは止めたくないが……。

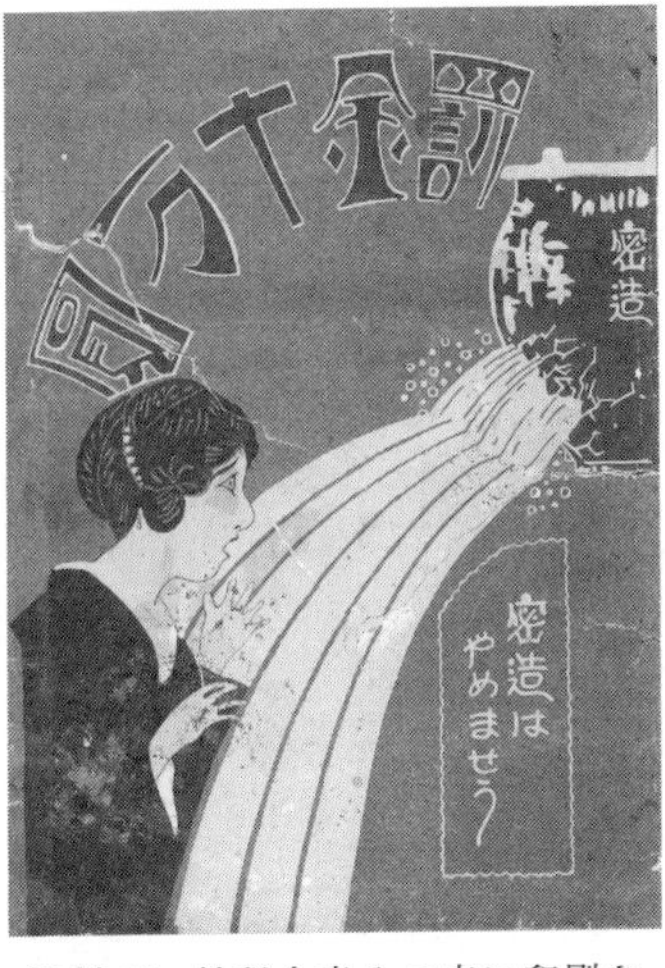

資料56　納税令書入の表に印刷された密造酒禁止を訴える広告

　だが、ジュースなんだかお酒なんだかワカランものを作っておったこの時代、お上《かみ》はこんな告知(資料56)までして密造を取り締まっておった。酒税は国の税収として重要であったわけでして、それが日露戦争以来、戦費として役に立ってたんですな。酒税払うもお国のため、とすると、密造酒作る人はイケナイ人だったのネ。

現在も酒税法によって許可なく酒を作ることは禁止されています。だが、昨今では手作りビールキットも売っていて、「ここに砂糖を加えるとアルコールが1％以上となり、酒税法に触れますよ」と、親切な密造注意書きも見られる。趣味のワイン作りの本などもいろいろと出版されてるし、かく言う私もテレビのドキュメンタリー番組でどぶろく作りの一部しじゅうを公開したが、誰も何も言ってこなかった。個人レベルの密造くらいで税収がどーかなるなんてないから、取り締まらんのではなかろーか。

廃物利用のススメ

この昭和モダンの時期を経て、やがて日本は太平洋戦争へ突入する。極端なまでの物資不足に見舞われることになり、超節約の時代となってゆくのだが、昭和10年代前半までの「節約」「廃物利用」には、今でいうエコロジー的ゆとりが見られます。

昭和13年『主婦之友』7月号には「家庭報国　廃物利用五百種」という、主婦の節約や不用品利用の知恵を集めた小冊子の附録が付いていました。そこに出ていた食べものの廃物利用に関する知恵を一覧表にしてみました（資料57）。

それぞれを眺めてみると、**蜜柑《みかん》の皮を嗜好料に**というのは、ミカンの皮を干してすり鉢ですり、粉にするというもの。味噌汁などにふりかけると風味がよいとありましたが、これは陳皮《ちんぴ》のことですね。中華や漢方でおなじみです。**蜜柑の皮をジャムに、砂糖漬に**とくれば、まるでマーマレード。ザボンの皮の砂糖漬けの、ミニチュア版です。**洗濯に**は、干しといたミカンの皮を煮出して、それで洗濯をする。たしかにミカンの皮って、フェルトペンなど油性インクも落とせるのです。**髪洗いに**使う。これもよくわかりますな。今日ではミカン、とくにまだ色づく前のものには発毛を促進させる成分があることもつきとめられてますが、当時から髪洗いには使っておったんですね。

バナナの皮をジャムには、皮の内側の白いところだけをさじでかきとり、砂糖を加えて練ると美味しいジャムになったというアイデアだけど、かなりたくさんのバナナの皮を使ったんでしょね。**玉子の殻で即製漏斗《じょうご》**（資料58）。何も申し上げません。それより、**玉子の殻で糠味噌《ぬかみそ》の酸味止**という、卵の殻を糠味噌に入れておくと、酸っぱくなったものもカルシウムで中和され味がよくなる、というほうが役に立ちました。

佃煮《つくだに》、これは多いです。ネーブルの皮、フキの葉、ゴボウの葉、大根の葉、キュウリの皮、だしがら昆布……。なんとまあ、生ゴミなんか出なかったのではなかろーか？と思っていたら、魚の骨まで使っております。アジやサバの頭を白焼きにしたものを、総菜を煮るとき、カツオ節代わりに使うというものだが、「鰯《いわし》の頭《かしら》だけは駄

（根を植えて芽を出して利用）
残り紫蘇《じそ》の上手な利用法
（根を植えて新葉を出し利用）
鰺《あじ》や鯖《さば》の頭《かしら》を鰹節《かつおぶし》代用に
鮭《さけ》の頭で酒の肴
魚の骨で食卓の友
魚の頭や骨で糠味噌の味附
魚の骨を揚物に
鰹《かつお》の尾で風雅な小楊枝《こようじ》
魚の骨でスープ
凍り御飯で軟かあられ
古い御飯を麹《こうじ》代用に
古パンでお八《や》つ
食パン屑でパン粉
食パン屑で洋傘《パラソル》の汚れ除り
だし殻の昆布でお茶漬の友
だし殻の昆布を味噌漬に
だし殻の昆布を佃煮に
そばやうどんの茹汁を髪洗いに
腐敗牛乳で廊下の艶出し
残りビールを食器洗いや洗濯に
茶殻で培養土
茶殻で湿気や臭気止
茶殻を器物保存に
茶殻で蚊遣《かや》り
紅茶の出し殻で美しい染物

関する廃物利用法

玉子の殻でコーヒーのあく除《と》り
玉子の殻で糠味噌《ぬかみそ》の酸味止
玉子の殻で即製漏斗《じょうご》
玉子の殻を小苗運びに
玉子の殻を種播《たねま》き用土篩《つちぶるい》に
玉子の殻を壜《びん》掃除に
玉子の殻を床の艶出《つやだ》しに
玉子の殻を絹物の洗濯に
玉子の殻を焚物《たきもの》に
鮑《あわび》の殻をコキールの器に
蛤《はまぐり》の殻を五目ずしの器に
夏蜜柑《なつみかん》の皮でシロップ
夏蜜柑の皮で蕃椒《とうがらし》入薬味
夏蜜柑の皮を芥子《からし》煮に
夏蜜柑の皮でマーマレード
夏蜜柑の皮で趣味の花瓶敷
蜜柑の皮を嗜好料に
蜜柑の皮で食卓の友
蜜柑の皮を砂糖漬に
蜜柑の皮をジャムに
蜜柑の皮で煉《ね》り味噌
蜜柑の皮をトンカツのころもに
蜜柑の皮を洗濯に
蜜柑の皮を髪洗いに
橙《だいだい》の皮を佃煮《つくだに》に
橙の皮を糠味噌漬に
ネーヴルの皮を黒砂糖入佃煮に
バナナの皮をジャムに

林檎《りんご》の皮で氷シロップ
林檎の皮と心《しん》でジェリー
柿の皮を沢庵漬に
柿や栗の皮で渋取り
桃の種で趣味の帯止
果物屑《くず》や野菜屑で風呂用薬湯
古い果物をジャムに
蕗《ふき》の葉を佃煮に
牛蒡《ごぼう》の葉を佃煮に
人参の葉で胡麻よごし
大根の葉を佃煮や漬物に
大根の干葉《ひば》をお惣菜に
大根や菜の屑を掃除用に
キャベツの心を煮込物に
筍《たけのこ》の皮で甘煮《うまに》や酢の物
南瓜《かぼちゃ》や西瓜《すいか》の種で滋養飲料
南瓜や西瓜の種を胡麻代用に
南瓜や西瓜の種を煮干《にぼし》代用に
胡瓜《きゅうり》や西瓜の皮を漬物に
胡瓜の皮を佃煮に
茄子《なす》の蔕《へた》を煮物に
凍った馬鈴薯《じゃがいも》で片栗粉
馬鈴薯の皮で片栗粉
椎茸の軸を煮出汁《だし》代りに
野菜の茹汁をスープに
おろしの残りを糠味噌に
根三つ葉の根を炒《いた》め煮に
根三つ葉の根の上手な利用法

資料 57 「廃物利用五百種」に紹介された食べものに

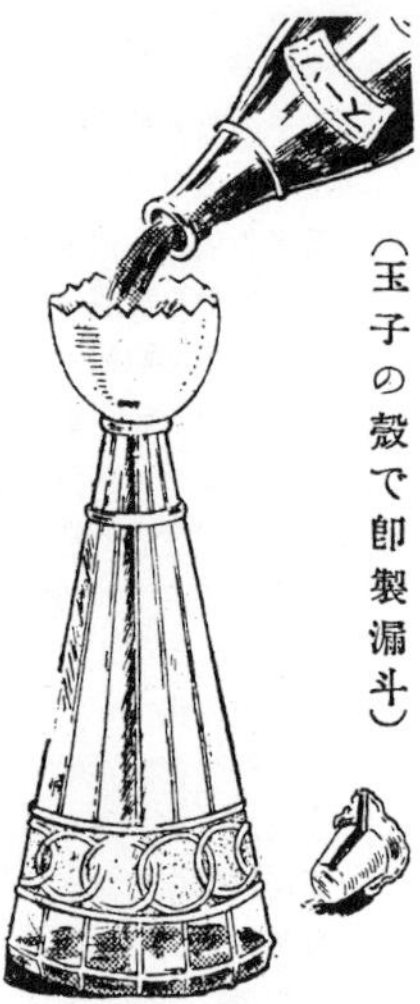

資料58　「玉子の殻で即製漏斗」のイラスト(「廃物利用五百種」より)

目でございます」なんだそうだ。

またまた魚の骨を使った、**魚の骨で食卓の友**は、骨を洗って白焼きにし、すり鉢ですりつぶして、塩、味の素を加えるというもの。ふりかけですね。さらに、サケの頭や魚の骨をよく焼いて糠味噌に入れると味がよくなるという知恵(**魚の頭や骨で糠味噌の味附**)、塩ジャケ、塩マスなど、大きめの魚の骨を中火にかけた油でゆっくり揚げると、骨の中まで火が通り、揚げかき餅のようなカリカリになり、美味しいというもの(**魚の骨を揚物に**)などあり、極めつきは、これ、**鰹《かつお》の尾で風雅な小楊枝《こようじ》**です(資料59)。

象牙細工のような綺麗な小楊枝が、まさか捨ててしまう鰹の尾から作ったものだとはちょっとお気づきにならないでしょう――なのだそうで、カツオの尾をゆでて干すとバラバラになるから、その皮をむき、骨を1本ずつほぐして作るのだそうだ。近々、やってみ……。

そばやうどんの茹汁を髪洗いにというのは、そば打ちをやってる友人もよいと言っておりました。シャンプーなしでもスッキリ洗えるらしい。髪だけでなく、食器洗いにも使えますな。うちでも、麺のゆで汁で油汚れを洗いおとしております。

腐敗牛乳で廊下の艶出し《つやだ》は、飲み忘れの牛乳を布につけて廊下を磨く、というもので、たしかに汚れも落ちるし、つやも出る。一度、ガスコンロの上で牛乳をこぼしてしまい、火口の受け皿に牛乳がたまってしまったことがあったが、5〜6時間して洗ってみると、ビッシリついていたこげがきれいさっぱりとれておりました。また、アンティーク屋をやってた頃、古い家具のつや出しに牛乳や米糠《こめぬか》を使っておったもんです。

南瓜《かぼちゃ》や西瓜《すいか》の種を胡麻代用には、乾燥させた種をすり鉢ですって、炒《い》りゴマの代わりに使うというもの。カボチャの種を干したものは、ペンチで割ると中に芯があって、これをすりつぶしたのがなかなか旨《うま》かった……が、やる人は少なかろう。**西瓜の皮を漬物にする**

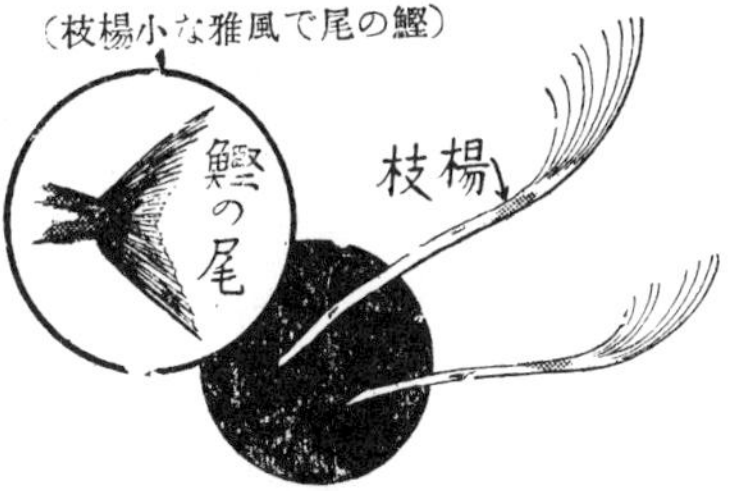

資料59「鰹の尾で風雅な小楊枝」のイラスト(「廃物利用五百種」より)

のは、みどり色の外皮をけずり落とした白皮の漬けもののことなんだが、最近のスイカは白皮があまりにも薄くて、漬けものにならん。これに関しては、昭和10年頃が、大いにうらやましい。

この廃物利用の本は食べもののみならず、生活全体にわたってのいろいろな工夫が紹介されています。まさに暮らしをいつくしむ、生活を創造していた時代だったんだと感ずることしきりでした。

卵信仰の時代

この時代、生活をより豊かに、より創造的にするものとして、栄養学の一般への普及もなされていました。「滋養に良い」の旗のもと、栄養料理が注目されてゆくのです。

そもそも日本における西洋栄養学は、明治時代にドイツから入ってきております。ドイツ人フォイトを中心とした学者たちによるもので、ミュンヘン近郊の家庭を調査して得た平均値をモデルにしていたため、ジャガイモや豆なんかより、牛や脂肪、乳製品がよろしいといった、ちょいと偏ったものでした。しかし、第一次世界大戦の頃のヨーロッパでは、デンマークの栄養学者ヒンドヘーデがそれに異を唱え、今日いうところの素食をススメだしたんですね。そんな動きが生じはじめた頃、我がニッポンの栄養に関するとらえ方はどーだったか、見てみましょう。

まず、幅をきかせていたのが、卵信仰。これは70年以上たった現在でも、かなり根強いのではないでしょか。病気になったらまず卵と、お見舞いに卵のかごを提げて行っておったようですね。そこで今、手元に広げているのが昭和10年の『主婦之友』8月号附録**「玉子の和洋料理法」**という冊子でして、載ってるレシピが約２００種というすごいものです。

この冊子の最後の頁に162頁で紹介した「玉子のからすみ」が出ておるのですが、第一頁のいの一番に載ってるのが「玉子の栄養価」であります。

玉子の成分は、水分七三・六%(百分中七三・六)、蛋白質十二・五五%、脂肪十二・一一%、含水炭素(著者注・炭水化物のこと)〇・五五%で、カロリーは百瓦《グラム》について一六六・〇あり、その玉子のうち白身は、水分が多くて、脂肪少く、純粋の蛋白質で、黄身は、反対に脂肪が多くて、水分が少く、その他いろいろの成分が含まれていますので、味が濃厚で、ヴィタミンA、B、Cとも含まれております。

こうして、なぜ、卵なのか？ というところから入ってゆくとこなんぞは、やはり栄養に関心が高くなってるからでありましょう。明治から大正の頃の家庭向け料理の本には、このような細かな成分まではおよそ書かれてないんですね。しかし昭和10年代ともなると、いの一番に「栄養成分」を述べてから、卵の選び方、保存法などへと展開してゆくのです。

体と頭にイイ料理

昭和12年『料理の友』4月号の「特選ビタミン料理」なる頁に載っていた、「ビタミンマヨネーズ」。はて、面妖《めんよう》な名前ですこと。何がどーなってビタミンなのか？ 作り方を見てみましょう。

丼鉢《どんぶりばち》に卵黄二個位を割り入れ、食塩小匙《こさじ》軽く一杯を加えて泡立器で手早く廻しながら混ぜ合せます。

ここまではフツーだわな。

混ぜているうちに卵黄が幾分かたくなって来ますから、その時にライス・サラダ油を少しずつ入れながら手を休めずに攪《か》き混ぜます。

フツーですね。

材料が段々固くなって泡立器にからまる様になったら、醸造酢を小匙一、二杯位入れて攪き混ぜます。

さらに、ライス・サラダ油を入れ、硬くなったら酢……これを繰り返した後、油1合（180cc）、砂糖大さじ1杯、洋ガラシ小さじ2杯、塩少々、レモン汁数滴を加える。ハテ、どこがビタミンマヨネーズなのか？　読み進んでみてわかったです。ここで使ったライス・サラダ油に理由があったんですね。商工省東京工業試験所の発明による新製品で、特殊な製油にハリバという魚の新鮮な肝臓からビタミンA・Dを豊富に吸収せしめて製造されたものなんですと。「その栄養価は薬剤に勝り」とあり、「特にそのビタミンの含有量の豊富なところからビタミンマヨネーズと呼ぶ」のだそうだ。なんだか裏付けが明らかでないですねー。

しかしこの雑誌の広告を見ると、カルシウム剤や毛髪栄養剤も見られ、記事中にも、マグネシウムとカルシウムのバランスなどが多く見られる。「脳力と体力増進料理」

や、食の内容と健康の関連といった記事も非常に多いのです。「栄養」というものが「美味しい」と同じレベルで関心事になっていたのでしょう。

ごはんも添加剤で強化！

白米は旨いが、玄米と違い、ビタミンBやカルシウムの欠乏が心配である。これらが不足すると脚気《かっけ》や短命のもととなるから、それを補うものとして「米の母」なる栄養補助食品が売られておりました(資料60)。米1升につき、これを6グラム加える、というのです。

ビタミンBが玄米の2倍、カルシウム豊富、リン酸塩、鉄分のほか、消化酵素、アミノ酸を多く含んでいるそうだ。そしてこの「米の母」の最大の売り言葉が、「美味で栄養に富み衛生的なお菓子」ということで、子どもをターゲットにしておるのです。

この「米の母」を使うレシピとして、「ビスケット」と「アメリカン・ドーナッツ」の作り方が載せられております。作り方はごく平凡でして、小麦粉、バター、ベーキングパウダー、砂糖、卵などに「米の母」を加えて練り合わせ、クッキーは天火《てんぴ》で焼

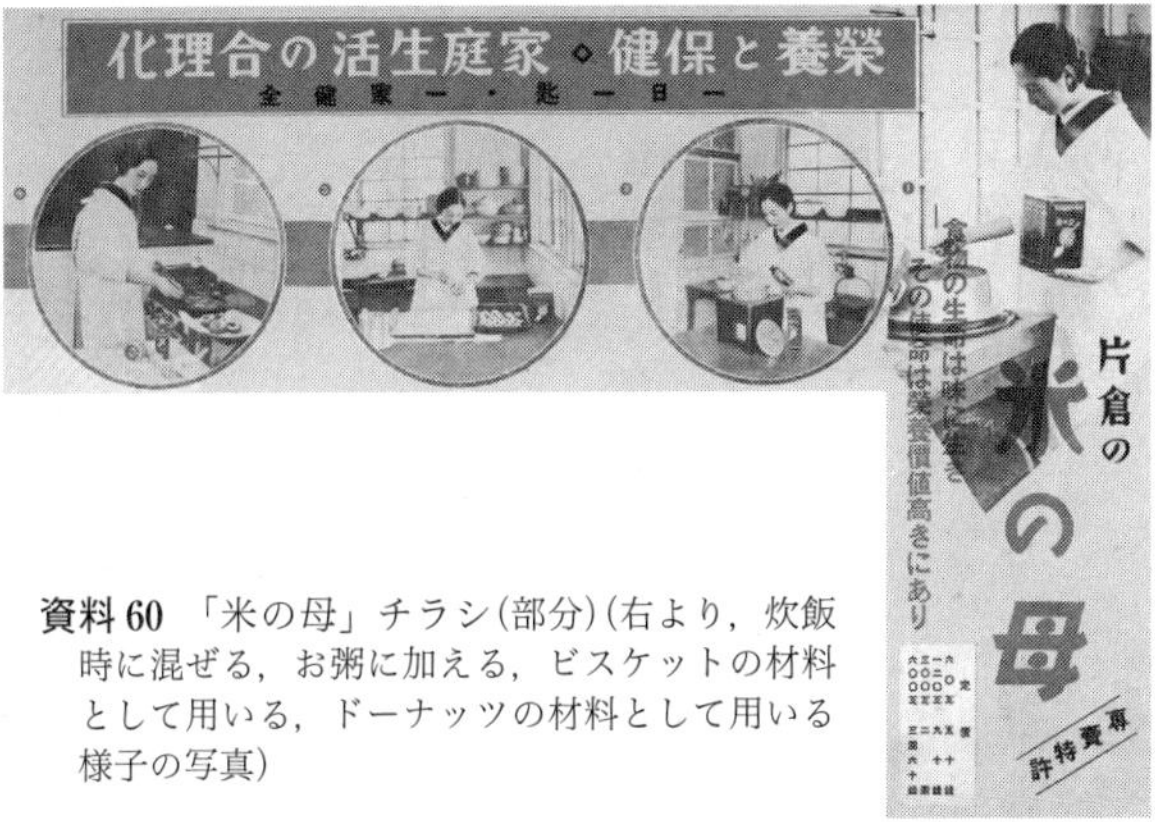

資料60　「米の母」チラシ(部分)(右より，炊飯時に混ぜる，お粥に加える，ビスケットの材料として用いる，ドーナッツの材料として用いる様子の写真)

き、ドーナッツは油で揚げております。

しかしこの「米の母」も、先のライス・サラダ油同様、根拠に欠けるんですね。何にどう効果があるやらワカラン健康食品って、なにも今に始まったことではないのです。

この頃、滋養にいいと謳《うた》う飲料「どりこの」(資料61)がありましたが、派手に広告を打ってるわりには、何がどう効くのか根拠がわからんのです。今も東京都大田区の東急多摩川駅の近くに「どりこの坂」という坂がある。近くに住んでた博士がこのナゾの飲み物を発明したことからつけられた名前だそうだ。昭和2年に開発され、三越などで売られたが、昭和6年から講談社で取り扱うようになり、爆発的に売れた。果糖とブドウ糖が主成分の

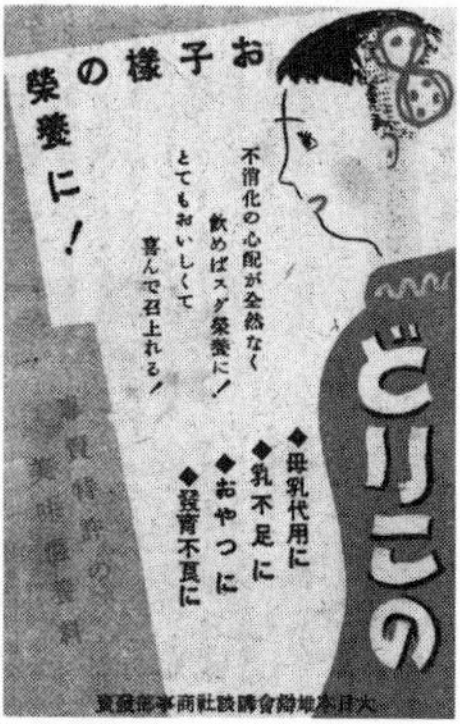

資料61 「どりこの」の広告(昭和15年)

資料62 「ウェーファース」チラシ(部分)

あまあい飲物だったらしい。

しかし、それでも子を思う母親を相手にした滋養・栄養おやつは売れるのでありました。我が国で「砂糖せんべい」と呼ばれたウエハースの製造は風月堂が始めたんだが(資料62)、お菓子作りに医学博士まで引っ張り出しておる。単なる権威付けかもしれないが、こうすることで、子ども思いの母親の気持ちをグッとつかんだのでしょう。病気、健康というものは、人間の最も心配しがちなことですから、そこを突いた商売が、昭和の初期にも盛んだったんです。

資料63は、昭和10年頃、子どもの治療教育に力を注いでいた三田谷《さんだや》啓《ひらく》による啓間食《かんしよく》については次《つぎ》の注意《ちうい》が要《い》る。

一、食べもの〻種類と量

馴《な》れて居《ゐ》るものを多量《たりよう》に渉《わた》らぬ程度《ていど》で與《あた》へる。馴《な》れぬものは少量《せうりよう》から初《はじ》める。年齢《ねんれい》に相當《さうとう》せぬものは避《さ》ける。間食用《かんしよくよう》として果物《くだもの》菓子《くわし》、牛乳《ぎうにう》等《とう》を適當《てきとう》に與《あた》へるのがよい。アルコホール類《るい》を含《ふく》むものは嚴禁《げんきん》のこと。

二、間食の時間

間食《かんしよく》の時間《じかん》は一定《てい》すること。午後《ごご》の三時《じ》、幼少《えうせう》のコドモにはこの外《ほか》午前《ぜん》十時《じ》に與《あた》へてもよい。

三、食物の溫度

飲料水《いんりようすい》ことに氷水《こほりみず》の如《ごと》きは胃腸《ゐちやう》の抵抗力《ていこうりよく》を弱《よわ》くし時《とき》としては下痢《げり》を起《おこ》すことがある。この理由《りゆう》でアイスクリームの如《ごと》きも注意《ちうい》を要《よう》する。夜《や》間《かん》極度《きよくど》につめたい飲料《いんりよう》を與《あた》へることは危險《きけん》である。

四、よく咀嚼させること

間食《かんしよく》はいかなる種類《しゆるい》のものでもよく咀嚼《そしやく》させることが肝要《かんよう》である。咀《そ》嚼《しやく》の困難《こんなん》なるものはよくない。間食《かんしよく》の際《さい》急《いそ》がせてはならぬ。

五、間食時の注意

間食《かんしよく》の際《さい》は先《ま》づ手《て》を清潔《きれい》に洗《あら》ひ、規律正《きりつただ》しくすること。菓子《くわし》を食《た》べた後《あと》は湯《ゆ》を呑《の》ませるか、口《くち》をそそがせること。間食時《かんしよくどき》はあまり騷《さは》がぬ事《こと》。

六、間食の製造

間食《かんしよく》は自家製《じかせい》のものが適當《てきとう》である。もし買《か》ひ求《もと》める場合《ばあい》は信用ある製造所のものを選《えら》ぶ。街頭《がいとう》、露店《ろてん》、駄菓子屋《だがしや》等《など》で賣《う》つて居《ゐ》るものの中《なか》には往々《わう〳〵》危險《きけん》なものがある。

資料63　医学博士・三田谷啓による「間食の注意」(部分)

蒙のためのチラシ、「間食の注意」です。あたりまえといえばあたりまえのことばかりですが、おやつを一定の時間にすることや、冷たいものをさけること、よく噛《か》むこと、口をそそぐことなどに触れてるところを見ると、すでに菓子類が出まわっていて、そのために本来の食事がおろそかになったり、虫歯が多くなっていたということを裏付けているようです。健康に関する不安は、昔も今も変わってないんじゃないでしょか？

「わかもと」は調味料だったんだ

「わかもと」が胃腸機能を強め、新陳代謝を整え、痩弱体《そうじゃくたい》を恢復《かいふく》させ、結核の治癒力を増進する生物剤として、今日医療界の寵児となっていることは、一般に知られていますがこれが調味料としての応用方面はあまり知られていない憾《うら》みがありました。（『わかもと応用の新栄養料理』昭和11年、わかもと本舗栄養と育児の会）

「わかもと」といえば、胃腸障害・滋養強壮剤と思ってましたが、昭和11年に発行されたこの小冊子（資料64）は、「わかもと」を使った料理の手引きでして、書いておられる勝見新太郎氏の肩書きも、「帝国料理学学長」「東京割烹普及会顧問」とスゴイ。

「わかもと」を調味料として用いて、第一番に気のつくことは、食欲が著しく増進することであります。病弱者や恢復期の病人等で何を喰べても味がなく、極度の食欲不振を喞《かこ》っている様な場合でも、「わかもと」を応用した料理を与えて、意外に食欲が進み、目に見えて衰弱が恢復し出したという様な例は、吾々の多く実見する所であります。……即ち「わかもと」は栄養剤としても一頭地を擢《ぬきん》でているのみならず、調味料としても最高級のものと云うことが出来ますから、病人料理には勿論、一般家庭の食卓にも十分応用せられんことを希望致します。

ということで、まずは「わかもと応用のスープ」というものを作ってそれを料理に使うと書かれていたので、実験マニアの私は早速わかもとを買いに薬屋へ走ったのでした。

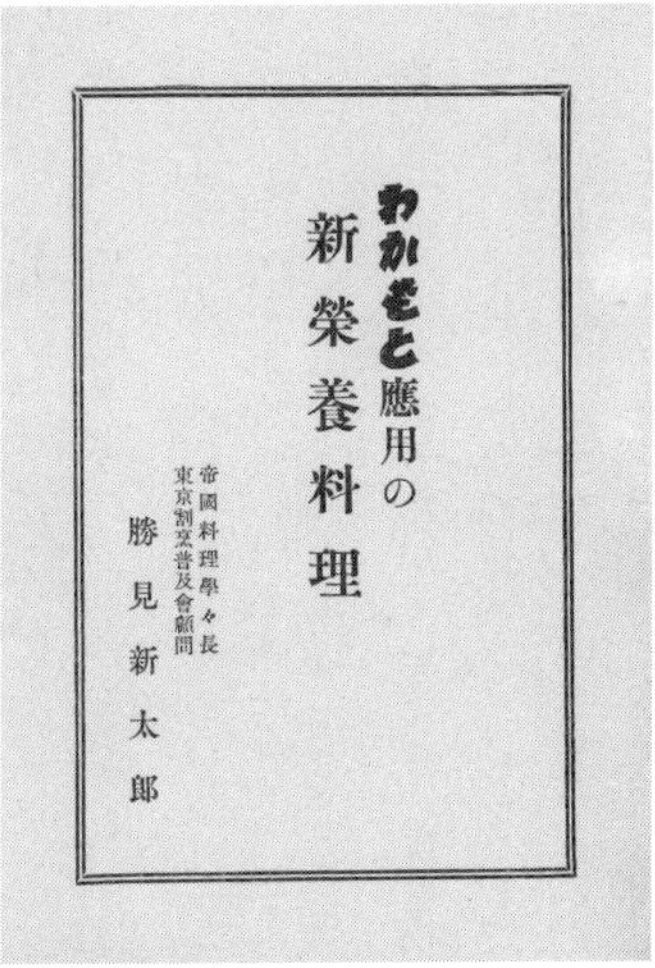

資料 64　勝見新太郎『わかもと応用の新栄養料理』表紙

今日では「強力わかもと」という名前にパワーアップされておりました。消化酵素、乳酸菌、ビタミン、ミネラル、アミノ酸などが何十種類も含まれており、主に消化を助け、滋養強壮によろしいとある。この現代の「わかもと」を使って、昭和11年の

「わかもと応用のスープ」を作ってみたのでした。

鍋に水5合(900cc)、「わかもと」錠剤30粒を入れて火にかけ、ここに梅干し中型2個を種をとって刻んで入れる。だし昆布2寸くらい(約6センチ)を小さく切って入れて、じっくりわかす。これをガーゼで漉したのが「わかもと応用のスープ」なのです。

で、どんなものだったかというと、まず梅のしょっぱさとすっぱさが最初に感じる味でして、そこに昆布の旨味がとけあうので、和食で使う煎り酒《い》にちょいと似てもいる。で、どこに「わかもと」の味があるのだろうかと神経を集中して味見をしたんだが、わずかに漢方薬っぽい、薬草っぽい香りがするのと、ほんのりではあるが、嫌みでないホロ苦さがある。わかもとそのものの味を調べたかったので、梅干し、昆布を入れずにわかもとのみを煮てみたが、こうなると明らかに漢方薬っぽさが前面に出てくるのです。

このスープを使ったレシピが9種類載っておりまして、「新式卵豆腐」「豆腐の葛《くず》煮《に》」「ほうれん草スープ」などを作ってみたですよ。正直言って、とびぬけてうまいわけではないが、苦くてマズイってことはまったくない、ごくフツーの料理でした。

物好きな私は、2〜3日作っては食べてみたし、このスープでごはんを炊《た》いたりしてみたが、効果があったかどーかはわからない。だって、食欲不振じゃないし、虚弱じゃないし、消化力は強いもんだから、効くも何もわかりゃしない。ただ一点、酔い覚めはいつもより若干スッキリでした。かなり呑んだのに、朝がいつもよりスッキリとしておりました。

今一度「強力わかもと」の箱をよく見てみると、これは「医薬部外品」だったんですね。今日の日本人が、やれカルシウムだ、ビタミンだとさわいで飲んでる、あのサプリメントの元祖みたいなもんなんですね。

炭の火がガスになり、新種の野菜や外国の料理をとりいれ、モダンな食生活をくり広げはじめた昭和10年頃だったが、今日と同じで、栄養を錠剤で摂取する手軽さに、人間は惹《ひ》かれていたのかもしれない。見知らぬ国の料理をさっさと日本食にしてしまい、栄養、病気、健康を心配するゆとりも芽ばえ——。すでに日本人の今日のスタイルの原型が築かれていたのでした。

終章――昭和モダンから現代へ

日本人、食の近代史

日本の近代史の中での昭和10年前後といえば、軍部が力をつけ、中国・朝鮮を侵略していた時期なので、けっして好ましい時代ではなかったと思われます。しかし、政治や経済、軍事力のみが歴史ではないんですね。きな臭い日本社会の中において、庶民はどのような食べものをどのように食べてたのか？　という食文化の面を切り取ってみたのが本書でありました。

近代日本人の食文化に興味を持ち、この20年間、古い文献を集めて解読してきましたが、食文化の面だけでいうと明治維新はまったく維新ではないように思えるのです。鹿鳴館《ろくめいかん》ができようが鉄道が敷かれようが、長屋に住む庶民の食べているもの、調理方法、食べ方には江戸時代とさほど変化はないようです。「牛鍋食わねば開けぬ奴」といったあんばいで、肉食こそ新時代なのだキャンペーンが文献にも見られるし、ベストセラー『食道楽』では、これでもかっ!! というほど、西洋食をほめちぎっているものの、それはごく一部のお金持ちやインテリさんのすることで、一般庶民は「へーえ、エゲレスでは牛肉をこーして食べんのかぁー」と感心しつつ、ごはんに煮物、漬物、干し魚や汁物といった江戸時代食が明治になってもずっと続いておったのでした。

それが、これまでにも書いてきたように、日清・日露の戦争後、少しずつ変化してきます。外国旅行なんぞ一生縁がないと思ってた農家の二男や三男が軍隊に入り、中国・朝鮮・台湾に出兵し、世界の食文化に触れてゆく。当時の中国はアヘン戦争後、欧米列国が租界を持ち、まさに列国の食いものとされていた。上海、青島、どこへ行っても、英、独、仏、露、米……世界中の民族がそこにいたもんだから、当然世界中の食文化が存在しておったんです。300年近く鎖国しておった日本人にしてみたら、驚くような料理もあったのでしょう。

それらの食文化を日本に持ち帰ると同時に、支配下においた朝鮮の白菜、満州の大豆などの食材も日本に持ち帰ってきた。また、中国人の料理人たちも日本へ来て料理屋を開いたので、日本人も中華料理を身近にするようになったのです。また、中国で接した西洋料理も日本に持ち帰り、洋食屋も少しずつ増えていったようです。

しかしながら、一般庶民の食卓にまではまだまだ普及はしておりません。やがて、ガスが普及しはじめ、それまではフツーのおかみさんたち向けではなかった料理本が、昭和に入ると少しずつ変わってくる。昭和5〜8年頃には材料の分量や加熱時間なども明記され、写真代わりの正確なイラストも使われはじめる。そして昭和10年頃に至って、今日我々がよく目にするレシピ本の原型が完成したのです。

今回とりあげた料理本や婦人雑誌を実際に活用していたのは、たぶん都会の奥様方だったのでしょう。地方では戦後しばらくたってもガスが使えず、相変わらず炭や薪だったところも多かった。だから本書に紹介したのは主として東京に住む人の食だと思ってください。

この昭和10年頃は、今日の日本人の食生活の原点だったと考えられます。その後、戦争で食料難となり、昭和20年までの日本は、まさに乏食の時代でした。昭和30年頃になってやっと昭和10年頃の食生活レベルに戻り、その後は東京オリンピック、大阪万博などをきっかけに極端な「食の欧米化」が進み、現在に至るのでした。

デンマークにもあった「食べかた上手」の知恵

今回、昭和10年前後の食事を検証していて、この食物摂取パターンが何かに似ているような気になったんですね。何かで読んだ食生活に似ているように思え、うちの書棚で探しまくりましたら、ありましたっ。

デンマークの栄養学者、M・ヒンドヘーデが行った食生活改善実験の記録、『戦時下の栄養』(大森憲太訳、畝傍書房)です(資料65)。彼は1895年から、低タンパク食を行いはじめております。それまでの西洋の栄養学はドイツの学者フォイトらのいう「肉食が人体の肉を作る」にもとづいていたのですが、この食生活では体が疲れて仕事の効率が悪いと、ヒンドヘーデが、粗製パン、ジャガイモ、マーガリン、野菜、果物、牛乳中心の食生活に切り替えてみたところ、本人も家族も健康増進できたのです。

しかし、他のデンマーク人は相変わらず肉を多食していた。そんなとき、第一次世界大戦が起こり、デンマークやドイツは食糧封鎖され、穀物の輸入がストップ。酪農国デンマークとはいえ、飼料穀物の大半はイギリスなどからの輸入でまかなっていたため、酪農ができなくなりました。そこで政府は食料対策をヒンドヘーデに命じ、肉不足をいかに乗り切るのか対策を立てさせたんです。

ヒンドヘーデはビタミンを摂取すべく、胚芽の残る粗製パンやジャガイモなどを中心に食料を配給し、なんと2年間、国産食料だけでもちこたえておるのです。しかもその間、デンマーク人の死亡率は過去に類のないくらい低下しております。また、病気になる人も減り、結果としてデンマーク人の健康増進に役立ったそうです。肉やバターの配給も少量ながらあったようですが、基本的には植物性の食料だったんですね。

資料65 M.ヒンドヘーデ『戦時下の栄養』表紙

これは戦争にともなう食料不足対策でしたが、このときの食物摂取のバランスが昭和10年頃のレシピと似ておるのです。西洋のジャガイモに対し日本には里芋が、西洋の粗製パンには日本の五分づき米をあてはめることができます。ヒンドヘーデの築いた食生活パターンは、まさに今日のメタボ対策食といえるのではないでしょか。

安全と健康は自分で手に入れる！

ヒンドヘーデおよび昭和10年頃の日本人の食べ方が現代人に語りかけているのは何なのか。食品偽装はとどまるところを知らず、偽装は続くよどこまでも……だし、肉や油脂の多食によるメタボリックシンドローム、加工食品の安全性、自国民の食料の40％しか生産していない不安定感、人口増加に追いつかない食料生産、地球温暖化――21世紀を生きる日本人にとって食の問題は大変ややこしい。

肉や卵を今日のように多食し続けるには、家畜飼料を大量に輸入しなければならない。そのためには化石燃料を使って遠い国から船で運ばなきゃならん。CO_2を排出する。CO_2を減らそうとバイオエタノールを作れば、食料であるトウモロコシが不足し、貧しい国は飢餓におそわれる。また、バイオエタノールを作るのに化石燃料も使う。

我々日本人の食卓は、世界の環境、飢餓とも直結しており、食料安全保障、健康と直結しております。賞味期限の偽装に憤りを覚えているようなレベルではないでしょう。食の安全、自分の健康は、自分で動いて自分の責任で手に入れなきゃならんのです。安全な冷凍ギョーザを安く買おうなどと甘いこと言ってたら、それこそ欲に目がくらんだ偽装屋にダマされるのです。

昭和10年頃のレシピには加工食がほとんどない。豆腐、かまぼこ、ちくわ、くらいのものなの。かといって手間ヒマがかかるのかといえば、実はそうでもない。現代日本人は、ギョーザやハンバーグを作るのでさえ、「めんどう」なことと思い込み、ごはんを炊《た》くのでさえやらなくなりつつある。できあいのおにぎりのごはんだけをコップに入れて水をかけてみると、水の上面に油膜が張ることもある。炊き上がったごはんに油をまぶして、つやを出すらしい。その油がどんな油なのかは不明です。このように、加工された食品の素性はよくわからぬもの。

ほとんどの食事を自分で作っている私には、昭和10年頃の料理って実に身近なものなんですね。やったことのない人には「大変そう」に見えますが、一度やってみると、なんてことはないものです。この時代の料理には美味しくて健康に生きる知恵がぎっしりつまっておるのです。

今日、ちまたでは○○は体にいい、○○を食べるとガンになりにくい……といった食品選びにばかり目がいっているようですが、この時代の本には、手に入るものでいかに上手に食べるかが語られています。つくづく食べかた上手だったんだなあ、と感心しておるのです。

あとがき

２００５年2月、うちの同居人の仙台単身赴任が始まった。それにともない、1～2カ月に一度は仙台へ行き、10日間くらい仙台暮らしをしてみることとなった。ビジターとしてでなく、その地で暮らしてみると、食生活の違いがよーくわかるのでした。食材だけを見ても、油麩《あぶらふ》、長もやし、茶豆、ずんだ、ナメタガレイ、ホヤ、唐辛子……東京から３００キロメートルしか離れていないのに、こんなにも違いがあるのか!!と驚いたです。

驚きつつ帰京すれば、27年間続けた「おふたり食」でなく「おひとり食」が待っていた。買いものから料理の分量、種類など、2人のときとはえらい違いなんですな。東京と仙台、1人食と2人食、たったこれだけで食べ方に大きな変化が生じるということを実感した私は、今現在の自分も含めた日本人の食生活が、どのようにして作られてきたのか、今一度検証してみたくなったんです。

ちょうど環境問題や食料問題が取りざたされてきて、「もったいない」が流行語になるような時代でしたが、その反面、どこの家の冷蔵庫も傷《いた》みかけ食品がぎっしり詰まってた。それを見て、「もしかしたら、冷蔵庫が日本の食文化をダメにしたんではなかろーか？」と思い、『冷蔵庫で食品を腐らす日本人』（朝日新書）を書いてみた。そしてすかさず、そのアンサー本として、『冷蔵庫で食品を腐らせない日本人』（大和書房）を出してみた。東京と仙台を行ったり来たりしながら、身近にある食品だけ、その日に必要なものを買い、必要なだけ作って食べる1人食、2人食をやってみてると、「冷蔵庫がないほうが、まともな食生活になる」という気がしてきたんですな。

しからば、冷蔵庫が暮らしに入り込んでくる前の我が日本人はいかにして日々、食べ暮らしておったのかに興味を持ち、その頃の料理本をテキストにあれこれ作ってみたのでした。食品の保存、加工、調理などは現在自分がやってるのと非常によく似ているが、現在の日本人のやってるのとはえらく違う。日本人は冷蔵庫を手に入れ、加工食品の技術進歩の恩恵を受けたことで、積み重ねてきた食生活の知恵をスッポーンと投げ捨ててしまった。食品が残る→冷凍する、といったパターンだけになった。仙台にいると、地の茶豆をゆでて食べ、残りはすりつぶし、塩と砂糖で和えてずんだにする。これで味をおとさず保存できる。この程度の知恵も手間も、現代日本人は失ってしまったようだ。

仙台では唐辛子農家の高橋君と知り合った。彼は唐辛子を炭焼きにして、麹《こうじ》と醤油に漬けた「よっちゃんなんばん」というバツグンに旨《うま》い万能調味料を作って売っていた。村田町の酒蔵《さかぐら》、大沼酒造店では、酒造りには向かない地元のササニシキで名人級の酒を作っていた。彼らの工夫、知恵は、昭和10年頃の冷蔵庫を持たない日本人がしていた工夫、知恵とまったく同質のものだった。

そんな仙台体験も、2008年9月にピリオドを打つことになったです。単身赴任が終わり、東京に戻るための引越し準備で今、仙台に来ております。日本人の近代食文化を検証する作業は、この仙台暮らしから始まったといえましょう。この作業にスイッチを入れてくれた街、仙台に感謝しつつ、宮城の銘酒「乾坤一」をぶら下げて、これから新幹線に乗るのです。

本書を書くにあたりまして、昔の料理本を店頭に並べてくれた古本屋の皆様、昔のチラシなどを探してくれた仙台イービーンズ「アンティークショップ路」の遠藤さん、いっしょに編集してくれた寺本さん、岩波の渡部さん、また、図版をはめこんだりしてくれた岩波のスタッフの皆さん、おつかれさまでした。打ち上げは卵カラスミをつまみに、自家製生ブドウジュース？ でいきませう。

2008年9月9日　仙台にて

岩波現代文庫版あとがき

　この本を出してから7年になる。途中で大震災も有ったからもうふた昔？　も前の事に思えるほど世の中が変わった。２００８年当時５００冊くらい持っていた資料本もその後増えて10倍以上になった。この間それらの資料本を読んではスキャンして分類し、昭和日本人の食生活変遷を研究しておりましたが、調べれば調べるほどこの本に書いた「今日の日本食の原型が出来上がったのは昭和10年頃である」に確信を持てるようになったんです。

「和食を世界文化遺産に」で言うところの和食ってどう定義してるんだろう？　これに対する答えも自分なりに見えてまいりました。外来の食品を使ったり外来料理をまねしたものを和食とよんでいいのか？　などと言われることもしばしばありますが、それはこのように考えています。古くは米だって外来の帰化植物です。和食でよく使われているオクラだって明治時代に入ってきた帰化植物、白菜も一般的普及は大正時代のようです。しかしこれらは帰化した後、祖国とはミネラル成分の異なる日本の土壌に植えられ、異なる温度、湿度、日照などの気候条件の下で何年も栽培されてゆくうちに、日本の気候風土に適合した食物となった。それを日本の食習慣に適した調理法や調味法で好みの食べ方で食べるようになった。こうなればたとえ帰化植物であったり、外来の料理であっても日本人が日本で食べるに適した食べ方であるのですから、これを今日の「和食」と呼んでいいのではないか、という事です。日本のカレーライスなどはインドのカリー、英国のカレーに中国の葛餡かけなどが日本人によって合体されたものとも考えられ、これはまさに日本にしかない、日本発のカレーライスという料理だと思いますから、これ「和食」でしょう。

このような研究をしているところにあの東日本大震災が起こりました。地震と津波の破壊力を見せつけられ、原子力発電所事故という取り返しのつかない負債を背負い込んでしまった。電気をふんだんに使わなければ生活が成り立たないからやっぱり原発は動かさなきゃ……、イヤイヤ、多少の不便は受け入れても原発のリスクは避けるべき……、日本中が考えなきゃ、答えを出さなきゃならない状態に追い詰められております。そんな時代になったからこそ今一度、わずかな電力だけで日々の生活を成り立たしていた「食べかた上手」の知恵を見直してほしいものです。「昭和は良かった♡」みたいな懐古趣味ではありません。高度成長で途切れかかった「食べかた上手」の知恵もいったん途切れてしまうと取り戻すのが大変です。継承できてるうちにコツコツと伝えていかねばなりません。途切れてしまいそうな文化を一般受けしなくても消してはならんのだっ！　という気概で作るのが文庫本ではないでしょうか。この本が岩波の現代文庫でまた多くの方の目に留まれば、経済繁栄が暮しの豊かさではない！　と考え、スケールダウンさせた省エネルギー型生活を目指す時の参考にもなるかと思います。

2015年8月16日
14歳で左目を失い人生観が変わった第二のお誕生日

魚柄仁之助

本書は二〇〇八年一〇月岩波書店より刊行された。

岩波現代文庫［社会］

S292

食べかた上手だった日本人
―よみがえる昭和モダン時代の知恵―

魚柄仁之助

八〇年前の日本にあった、モダン食生活のユートピア。食料クライシスを生き抜くための知恵と技術を、大量の資料を駆使して復元！

2015.8

S286
平和は「退屈」ですか
―元ひめゆり学徒と若者たちの五〇〇日―
下嶋哲朗

沖縄戦の体験を、高校生と大学生が語り継ぐプロジェクトの試行錯誤の日々を描く。社会人となった若者たちに改めて取材した新稿を付す。

S287
野口体操入門
―からだからのメッセージ―
羽鳥操

「人間のからだの主体は脳でなく、体液である」という身体哲学をもとに生まれた野口体操。その理論と実践方法を多数の写真で解説。

S288
日本海軍はなぜ過ったか
―海軍反省会四〇〇時間の証言より―
澤地久枝
半藤一利
戸髙一成

勝算もなく、戦争へ突き進んでいったのはなぜか。「勢いに流されて――」。いま明かされる海軍トップエリートたちの生の声。肉声の証言がもたらした衝撃をめぐる白熱の議論。

S289-290
アジア・太平洋戦争史(上・下)
―同時代人はどう見ていたか―
山中恒

いったい何が自分を軍国少年に育て上げたのか。三〇年来の疑問を抱いて、戦時下の出版物を渉猟し書き下ろした、あの戦争の通史。

S291
戦下のレシピ
―太平洋戦争下の食を知る―
斎藤美奈子

十五年戦争下の婦人雑誌に掲載された料理記事を通して、銃後の暮らしや戦争について知るための「読めて使える」ガイドブック。文庫版では占領期の食糧事情について付記した。

岩波現代文庫［社会］

S281
ゆびさきの宇宙
福島智・盲ろうを生きて

生井久美子

盲ろう者として幾多のバリアを突破してきた東大教授・福島智の生き方に魅せられたジャーナリストが密着、その軌跡と思想を語る。

S282
釜ヶ崎と福音
―神は貧しく小さくされた者と共に―

本田哲郎

神の選びは社会的に貧しく小さくされた者の中にこそある！　釜ヶ崎の労働者たちと共に二十年を過ごした神父の、実体験に基づく独自の聖書解釈。

S283
考古学で現代を見る

田中琢

新発掘で本当は何が「わかった」といえるか？　考古学とナショナリズムとの危うい関係とは？　発掘の楽しさと現代とのかかわりを語るエッセイ集。〈解説〉広瀬和雄

S284
家事の政治学

柏木博

急速に規格化・商品化が進む近代社会の軌跡と重なる「家事労働からの解放」の夢。家庭という空間と国家、性差、貧富などとの関わりを浮き彫りにする社会論。

S285
河合隼雄の読書人生
―深層意識への道―

河合隼雄

臨床心理学のパイオニアの人生に影響をおよぼした本とは？　読書を通して著者が自らの人生を振り返る、自伝でもある読書ガイド。〈解説〉河合俊雄

2015.8

S276
ひとり起つ
―私の会った反骨の人―
鎌田　慧

組織や権力にこびずに自らの道を疾走し続けた著名人二二人の挑戦。灰谷健次郎、家永三郎、戸村一作、高木仁三郎、斎藤茂男他、今も傑出した存在感を放つ人々との対話。

S277
民意のつくられかた
斎藤貴男

原発への支持や、道路建設、五輪招致など、国策・政策の遂行にむけ、いかに世論が誘導・操作されるかを浮彫りにした衝撃のルポ。

S278
インドネシア・スンダ世界に暮らす
村井吉敬

激変していく直前の西ジャワ地方に生きる市井の人々の息遣いが濃厚に伝わる希有な現地調査と観察記録。一九七八年の初々しい著者デビュー作。〈解説〉後藤乾一

S279
老いの空白
鷲田清一

〈老い〉はほんとうに「問題」なのか？　身近な問題を哲学的に論じてきた第一線の哲学者が、超高齢化という現代社会の難問に挑む。

S280
チェンジング・ブルー
―気候変動の謎に迫る―
大河内直彦

地球の気候はこれからどう変わるのか。謎の解明にいどむ科学者たちのドラマをスリリングに描く。講談社科学出版賞受賞作。〈解説〉成毛　眞

岩波現代文庫［社会］

S270
時代を読む
―「民族」「人権」再考―
加藤周一
樋口陽一
「解釈改憲」の動きと日本の人権と民主主義の状況について、二人の碩学が西欧、アジアをふまえた複眼思考で語り合う白熱の対論。

S271
「日本国憲法」を読み直す
井上ひさし
樋口陽一
日本国憲法は押し付けられたもので時代にそぐわないから改正すべきか？　同年生まれで敗戦の少国民体験を共有する作家と憲法学者が熱く語り合う。

S272
関東大震災と中国人
―王希天事件を追跡する―
田原洋
関東大震災の時、虐殺された日本在住中国人のリーダーで、周恩来の親友だった王希天の死の真相に迫る。政府ぐるみの隠蔽工作を明らかにするドキュメンタリー。改訂版。

S273
ＮＨＫと政治権力
―番組改変事件当事者の証言―
永田浩三
ＮＨＫ最高幹部への政治的圧力で慰安婦問題を扱った番組はどう改変されたか。プロデューサーによる渾身の証言はＮＨＫの現在をも問う。各種資料を収録した決定版。

S274-275
丸山眞男座談セレクション（上・下）
丸山眞男
平石直昭編
人と語り合うことをこよなく愛した丸山眞男氏。知性と感性の響き合うこれら闊達な座談の中から十七篇を精選。類いまれな同時代史が立ち上がる。

2015.8

岩波現代文庫［社会］

S265
日本の農山村をどう再生するか
保母武彦

過疎地域が蘇えるために有効なプログラムが求められている。本書は北海道下川町、島根県海士町など全国の先進的な最新事例を紹介し、具体的な知恵を伝授する。

S266
古武術に学ぶ身体操法
甲野善紀

桑田投手が復活した要因とは何か。「ためない、ひねらない、うねらない」、著者が提唱する身体操法は、誰もが驚く効果を発揮して各界の注目を集める。〈解説〉森田真生

S267
都立朝鮮人学校の日本人教師
―一九五〇―一九五五―
梶井陟

朝鮮人の子どもたちにも日本人の子どもたちと同じように学ぶ権利がある！　冷戦下、廃校への圧力に抗して闘った貴重な記録。〈解説〉田中宏

S268
医学するこころ
―オスラー博士の生涯―
日野原重明

近代アメリカ医学の開拓者であり、患者の心を大切にした医師、ウィリアム・オスラー。その医の精神と人生観を範とした若き医学徒だった筆者の手になる伝記が復活。

S269
喪の途上にて
―大事故遺族の悲哀の研究―
野田正彰

かけがえのない人の突然の死を、遺された人はどう受け容れるのか。日航ジャンボ機墜落事故などの遺族の喪の過程をたどり、悲しみの意味を問う。

2015.8

岩波現代文庫の発足に際して

新しい世紀が目前に迫っている。しかし二〇世紀は、戦争、貧困、差別と抑圧、民族間の憎悪等に対して本質的な解決策を見いだすことができなかったばかりか、文明の名による自然破壊は人類の存続を脅かすまでに拡大した。一方、第二次大戦後より半世紀余の間、ひたすら追い求めてきた物質的豊かさが必ずしも真の幸福に直結せず、むしろ社会のありかたを歪め、人間精神の荒廃をもたらすという逆説を、われわれは人類史上はじめて痛切に体験した。

それゆえ先人たちが第二次世界大戦後の諸問題といかに取り組み、思考し、解決を模索したかの軌跡を読みとくことは、今日の緊急の課題であるにとどまらず、将来にわたって必須の知的営為となるはずである。幸いわれわれの前には、この時代の様ざまな葛藤から生まれた、人文、社会、自然諸科学をはじめ、文学作品、ヒューマン・ドキュメントにいたる広範な分野のすぐれた成果の蓄積が存在する。

岩波現代文庫は、これらの学問的、文芸的な達成を、日本人の思索に切実な影響を与えた諸外国の著作とともに、厳選して収録し、次代に手渡していこうという目的をもって発刊される。いまや、次々に生起する大小の悲喜劇に対してわれわれは傍観者であることは許されない。一人ひとりが生活と思想を再構築すべき時である。

岩波現代文庫は、戦後日本人の知的自叙伝ともいうべき書物群であり、現状に甘んずることなく困難な事態に正対して、持続的に思考し、未来を拓こうとする同時代人の糧となるであろう。

（二〇〇〇年一月）

食べかた上手だった日本人
—よみがえる昭和モダン時代の知恵

2015年8月18日　第1刷発行

著　者　魚柄仁之助《うおつかじんのすけ》

発行者　岡本　厚

発行所　株式会社　岩波書店
〒101-8002 東京都千代田区一ツ橋2-5-5

案内 03-5210-4000　販売部 03-5210-4111
現代文庫編集部 03-5210-4136
http://www.iwanami.co.jp/

印刷・精興社　製本・中永製本

© Jinnosuke Uotsuka 2015
ISBN 978-4-00-603292-0　　Printed in Japan

昭和モダン食生活略年表

＊「昭和モダン」という言葉は，大正ロマンに続いて栄えた昭和初期の大衆文化を指して主に用いられる．昭和 10 年代半ば，国家総動員法が猛威を振るうにしたがい，その時代は終わりを告げた．ここでは敗戦までの略史もあわせて紹介する．
＊以下，**ゴシック体**は一般事項，明朝体は食生活に関するもの，(　)内の数字は，その事項が生じた月あるいは月日を示す．

○ 昭和元年(1926 年)

大正天皇没．昭和に改元(12/15)

○ 昭和 2 年(1927 年)

金融恐慌勃発(3/15)
金銭債務の支払い延期(モラトリアム)実施(4/22)
日本橋・三越が増築し，米・肉などの日用品の販売を開始(4)
第一次山東出兵(5/28)
東京市で不良牛乳の取締強化(6)
新宿・中村屋，「純印度式カリーライス」を発売(6)
千葉県の野田醬油(現・キッコーマン)，スト突入(戦前最長期間に及ぶ)(9/16)
明治製菓が「サイコロキャラメル」を発売(10/9)
警視庁，牛乳の低温殺菌を命じる(10)
日本初の地下鉄，上野―浅草間に開通(12/30)
▽この年　丸美屋食料品研究所(現・丸美屋食品工業)が，ふりかけの元祖「是はうまい」を発表

○ 昭和 3 年(1928 年)

初の普通選挙実施(2/20)
花王石鹼(現・花王)，加工油脂「エコナ」を発売(3)

共産党員一斉検挙，大弾圧始まる(3/15)
麒麟麦酒(現・キリンビバレッジ)，「キリンレモン」発売(3/16)
崎陽軒が「シウマイ」を発売(4/1)
関東軍による張作霖爆殺事件(6/4)
東京市内白米商同業組合，ごまかし防止のため，コメの枡売りを廃止し，キロ売りを実施(7/1)
北海道製酪販売組合連合会(現・雪印乳業)，チーズを製造開始(8)

○ 昭和4年(1929年)

寿屋(現・サントリー)，国産初の本格醸造ウイスキー「サントリーウイスキー(白札)」を発売(4/1)
栄養と育児の会(現・わかもと製薬)が「わかもと」を発売(4)
オリエンタル酵母工業設立．国産イースト菌製造が本格化，パン製造の発展が始まる(6)
鉄道省，夏の生鮮食品の輸送にドライアイスの使用を決める(8)
ニューヨーク株式市場大暴落．世界恐慌始まる(10/24)
▽この年　カニ缶詰生産の過酷な労働を描いた，小林多喜二『蟹工船』発表

○ 昭和5年(1930年)

金輸出解禁．金本位制に復帰(1/11)
銀座・松坂屋にお好み食堂開設(3)
ロンドン海軍軍縮条約に調印(4/22)
森永製菓が離乳ビスケット「森永マンナ」を発表(6/1)
陸軍糧友会，東京市内の欠食児童にパン給食を始める(6)
台湾で抗日蜂起(10/27)
浜口雄幸首相，東京駅で狙撃され重傷(11/14)
▽この年　日本橋・三越の食堂に初のお子さまランチ登場／東京芝浦電気(現・東芝)が国産発の電気冷蔵庫を発売

○ 昭和 6 年(1931 年)

缶詰・瓶詰食料品，工業組合法の重要工業品に指定(4)
森永製菓，カードつきの「パラマウント・チョコレート」発売(4/3)
鶏肉・鶏卵を重要輸出品に指定(8)
関東軍，柳条湖の満鉄線路を爆破．満州事変(9/18)
森永製菓がチューインガムを発売，流行となる(9)
金輸出再禁止決定(12/13)
▽この年　日本国内で販売されているイギリスC＆B社製カレー粉のうち，多数が国産偽造品と発覚．国産カレー粉の評判高まる／ホーム食品がホットケーキミックス第1号「ホームラック」を発売

○ 昭和 7 年(1932 年)

満州国，建国宣言(3/1)
海軍青年将校らが犬養毅首相を射殺(5・15 事件)(5/15)
森永製菓がチューブ入り「ソフトチョコレート」を発売(7/1)
関東消費組合連盟が政府米獲得闘争の「米よこせ会」開催(7/23)
文部省，農山漁村の欠食児童が 20 万人を超えると発表(7/27)
▽この年　ブドウのネオマスカットが初めて市場に出る

○ 昭和 8 年(1933 年)

ヒトラー，ドイツ首相に就任(1/30)
警視庁，バー・カフェー・喫茶店などに対し特殊飲食店営業取締規則を公布(1/21)
日本，国際連盟を脱退(3/27)
米穀統制法公布(3/29)
アメリカ・ネッスル社，藤井煉乳を買収し日本進出(10/30)
皇太子明仁誕生(12/23)
▽この年　ブラジル政府が日本を中心とする極東地区にコーヒーの

宣伝を開始し，日本の輸入が急増／愛知トマトソース製造(現・カゴメ)，トマトジュースを発売／ガスが家庭用燃料として第1位となる

○ 昭和9年(1934年)

青森県で45両編成のリンゴ列車が初運行(10)
▽この年　日本初の捕鯨船団，南氷洋に出漁／鈴木山陽堂(現・カネヨ石鹸)，「カネヨクレンザー」発売／「味の素」(明治42年より発売)の総消費量が1585トンを記録，国民1人あたり23.4グラム

○ 昭和10年(1935年)

東京市中央卸売市場開場(2)
明治製菓が「チーズクラッカー」を発売(9/10)
▽この年　冷凍食品普及会，設立／代田稔が「ヤクルト」の製造・販売を開始／高円寺に初のジンギスカン鍋店「成吉思荘」が開店

○ 昭和11年(1936年)

帝国ホテルに「シャリアピン・ステーキ」登場(1)
青年将校によるクーデター起こる(2・26事件)(2/26)
日独防共協定調印(11/25)
松坂屋名古屋店に名店街が初めて設置される(12/1)
東京市立芝浦屠場開場(12)

○ 昭和12年(1937年)

盧溝橋事件．日中戦争開戦(7/7)
昭和酒造(現・メルシャン)が合成清酒「三楽」を発売(9)
商工省，臨時輸出入許可規則公布．果物・紅茶などのぜいたく品の輸入禁止(10/11)
日本軍，南京占領．南京事件(12/13)
▽この年　森永製菓が「森永母を讃える会」結成．母の日普及活動

を全国に展開

○ 昭和 13 年(1938 年)

国家総動員法公布(4/1)

警視庁，肉屋一斉点検により，牛肉への馬肉・兎肉の混入，挽肉への犬肉混入などの不正を多数発見(4)

電力が国家管理のもとにおかれる(4)

大阪の主婦から共同炊事が始まる(5)

国民精神総動員中央連盟を中心に白米食廃止運動が全国に広がる(8)

国策代用品普及協会設立(9)

▽この年　漁獲高 530 万トンで過去最高を記録／銀座にホットドッグの屋台が登場し，以後全国に広がる

○ 昭和 14 年(1939 年)

商工省中央物価委員会，砂糖・清酒・ビール・清涼飲料水の公定価格を決定(3/30)

酪農業調整法公布．牛乳・乳製品の生産統制が 8 月より施行(3)

米穀配給統制法公布，10 月より施行(4/12)

ノモンハン事件(5/12)

北海道製酪販売組合連合会(現・雪印乳業)，マーガリンの製造を開始(8)

ドイツがポーランドへ進撃．第二次世界大戦始まる(9/1)

初の「興亜奉公日」．飲食店で酒などが不売に．以後毎月 1 日に実施(9/1)

▽この年　みかん缶詰の生産が過去最高の約 187 万箱を記録(うち約 131 万箱を輸出)

○ 昭和 15 年(1940 年)

全国で毎月 2 回の「肉なし日」が始まる(4/7)

日独伊三国同盟調印(9/27)

牛乳・乳製品配給統制規則を公布(10)
大日本果汁(現・ニッカウヰスキー)が「ニッカウイスキー」「ニッカブランデー」を発売(10)
大政翼賛会発足(10/12)

○ 昭和16年(1941年)

六大都市で米穀配給通帳制実施(4)
東京市で砂糖・マッチ・小麦粉・食用油の配給切符制が実施(9)
真珠湾攻撃．アジア太平洋戦争始まる(12/8)
▽この年　「キューピーマヨネーズ」(大正14年より販売)の年間出荷量が10万箱(約500トン)に

○ 昭和17年(1942年)

塩通帳制配給．ガス使用量の割当制実施(1/1)
味噌・醤油の切符制配給実施(2/1)
東京市，蔬菜は家庭で作れと種子を斡旋(3)

○ 昭和18年(1943年)

玄米の配給が始まる(1/15)
駅弁に「日の丸弁当」が登場(8)

○ 昭和19年(1944年)

スイカ・メロンなどの不急作物の作付禁止(1/24)
東京市内の高級料理店・酒場などが閉鎖(3/5)
東京に国民酒場が開設(5/5)
砂糖の家庭への配給停止(8/1)

○ 昭和20年(1945年)

六大都市以外のガスの供給停止(5/5)
正午に戦争終結の詔書が放送される(玉音放送)(8/15)

主な参考・引用文献

（　）内の数字は次頁の表紙写真に対応

〈婦人雑誌〉

『婦女界』昭和7年10月号附録「家庭百科重宝辞典　第一巻」1932年，婦女界社…(1)

『婦女界』昭和8年1月号附録「日本料理西洋料理支那料理　お正月の料理集」1933年，婦女界社

『主婦之友』昭和10年1月号附録「奥様百科宝典」1935年，主婦之友社…(2)

『主婦之友』昭和10年8月号附録「玉子の和洋料理法」1935年，主婦之友社…(3)

『主婦之友』昭和11年8月号附録「家庭で出来る　食料品の作方三百種」1936年，主婦之友社…(4)

『料理の友』昭和12年4月号，1937年，料理の友社

『婦人倶楽部』昭和12年5月号附録「家庭西洋料理全集」1937年，大日本雄弁会講談社…(5)

『主婦之友』昭和13年1月号附録「冬の和洋料理千種の作方」1938年，主婦之友社

『主婦之友』昭和13年7月号附録「家庭報国　廃物利用五百種」1938年，主婦之友社…(6)

『主婦之友』昭和13年10月号附録「和洋一菜料理の作方三百種」1938年，主婦之友社

『主婦之友』昭和14年1月号附録「冬の温かい経済料理の作方五百種」1939年，主婦之友社

『主婦之友』昭和14年4月号附録「お惣菜向きの洋食と支那料理三百種」1939年，主婦之友社

〈料理書など〉

朝日新聞社学芸部編『実用科学　朝日家庭叢書　食の巻』1930年，

家庭百科重宝辞典
婦女界
十月号附録
(1)

主婦之友新年號附録
奥様百科寶典
(2)

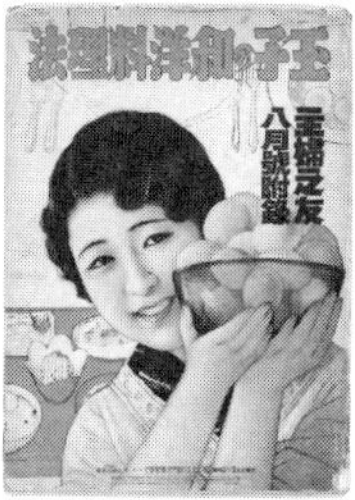
玉子の和洋料理法
主婦之友
八月號附録
(3)

家庭で出來る食料品の作方三百種
主婦之友八月號附録
(4)

婦人倶樂部五月號附録
家庭西洋料理全集
(5)

家庭報國
廢物利用五百種
主婦之友七月號附録
(6)

家庭惣菜料理十二ヶ月
婦女界社發行
(7)

家庭料理とその實際
(8)

秋のカタログ
日本種苗合資會社
(9)

朝日新聞社
婦女界編集部編『家庭惣菜料理十二ヶ月』1934年，婦女界社…(7)
『和洋バター料理之栞』1934年，北海道製酪販売組合連合会
日本放送協会編『放送料理一千集(野菜篇)』1935年，日本放送出版協会
日本放送協会編『放送料理一千集(肉類篇)』1935年，日本放送出版協会
朝野料理研究会編『実物そのままの風味を表した　家庭料理とその実際』1936年，精文館書店…(8)
勝見新太郎『わかもと応用の新栄養料理』1936年，わかもと本舗栄養と育児の会
『農林種苗便覧　秋のカタログ』1936年，日本種苗合資会社…(9)
増山新平『台所浴室及便所設備』1938年，大洋社
M.ヒンドヘーデ『戦時下の栄養』大森憲太訳，1942年，畝傍書房

〈年表作成参考資料〉

『味百年 ── 食品産業の歩み』1967年，日本食糧新聞社
加藤秀俊ほか編『明治大正昭和世相史』1967年，社会思想社
西東秋男『日本食生活史年表』1983年，楽游書房
小菅桂子『近代日本食文化年表』1997年，雄山閣
下川耿史監修・家庭総合研究会編『増補版　昭和・平成家庭史年表 1926-2000』2001年，河出書房新社
歴史学研究会編『日本史年表　第四版』2001年，岩波書店
中村政則編『年表昭和史　増補版　1996-2003』2004年，岩波ブックレット，岩波書店